FRAUEN UND DAS MEER

Frauen und das Meer

Texte von Florence Hervé
Fotos von Katharina Mayer

Gerstenberg Verlag

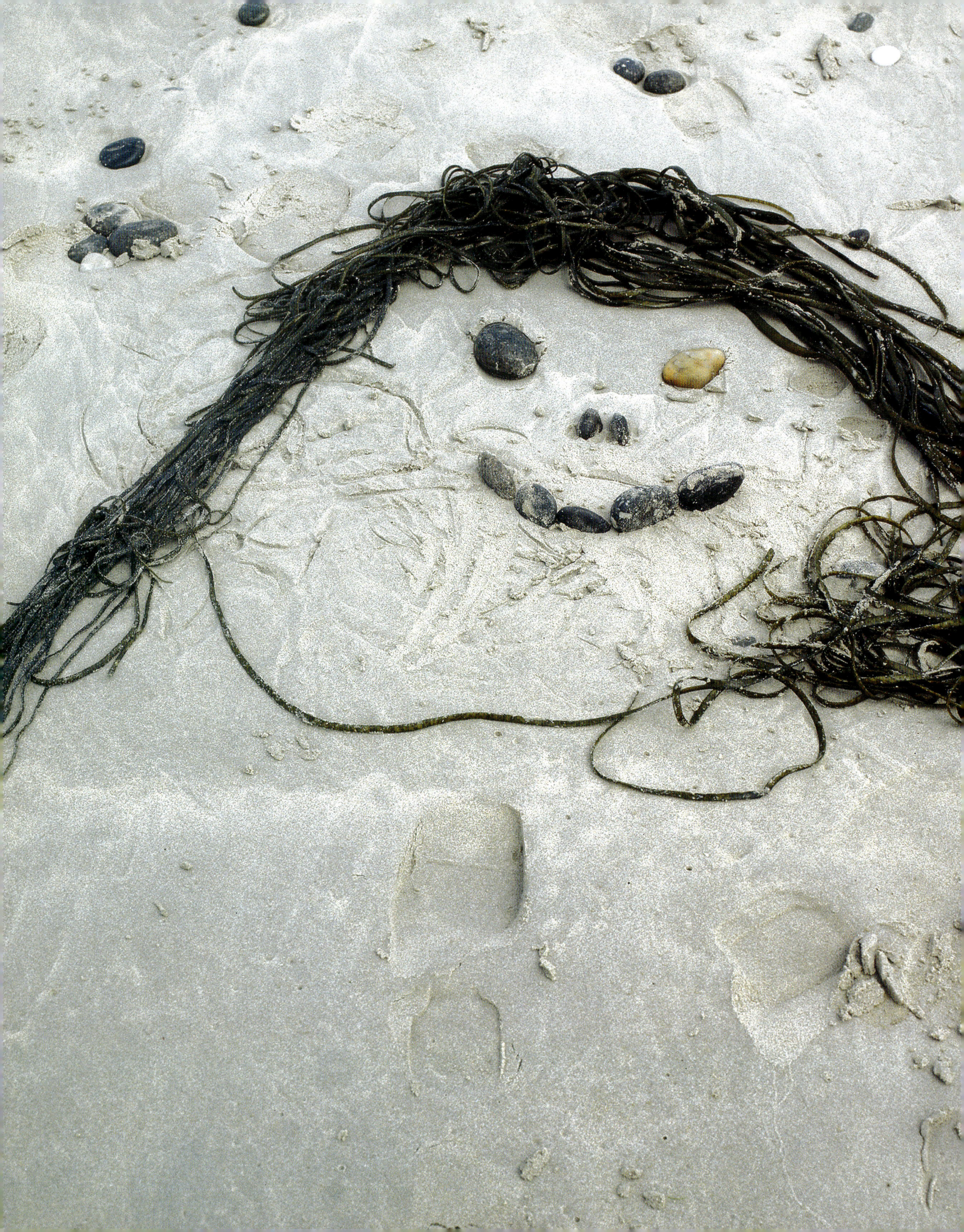

Am Anfang war das Meer ... | *8*

Arbeiterinnen des Meeres

SUSANNE BADEN | Meeresbiologin in Fiskebäckeskil, Nordsee | *12*
CLAUDIA BELIS | Kapitänin in Timmendorfer Strand, Ostsee | *18*
PETRA HEINRICH | Reederin in Jork, Nordsee | *26*
KARIN KOLSTER | Krabbenpulerin in Friedrichskoog, Nordsee | *36*
RITA DI LORETO | Leuchtturmwärterin in Torre Preposti, Adria | *42*
ANETTE MORITZ | Physiotherapeutin auf Juist, Nordsee | *52*
CATHRIN MÜNSTER | Projektleiterin des WWF in Stralsund, Ostsee | *62*

Künstlerinnen des Meeres

SABINE CURIO | Malerin auf Usedom, Ostsee | *72*
BENOÎTE GROULT | Schriftstellerin in Doëlan, Atlantik | *80*
KIRSTEN HARMS | Opernregisseurin in Kiel, Ostsee | *90*
IOANNA KARYSTIANI | Schriftstellerin auf Andros, Ägäis | *96*
KRISTEN NOGUÈS UND GWENAËL KERLÉO | Harfenistinnen in Pointe d'Armorique und Moulin-Mer, Atlantik | *108*
HANNE WANDTKE | Choreografin auf Hiddensee, Ostsee | *120*

Rebellinnen des Meeres

PEGGY BOUCHET | Ruderin in Brest, Atlantik | *130*
MARIE-JO CHOMBART DE LAUWE | Widerstandskämpferin auf der Île de Bréhat, Atlantik | *140*
ERNI FRIHOLT | Kämpferin für Frauen und Frieden in Orust, Nordsee | *148*
INES JOCHMANN | Skipperin in Neustadt, Ostsee | *158*
AMELIE LUX | Surferin in Kiel, Ostsee | *170*

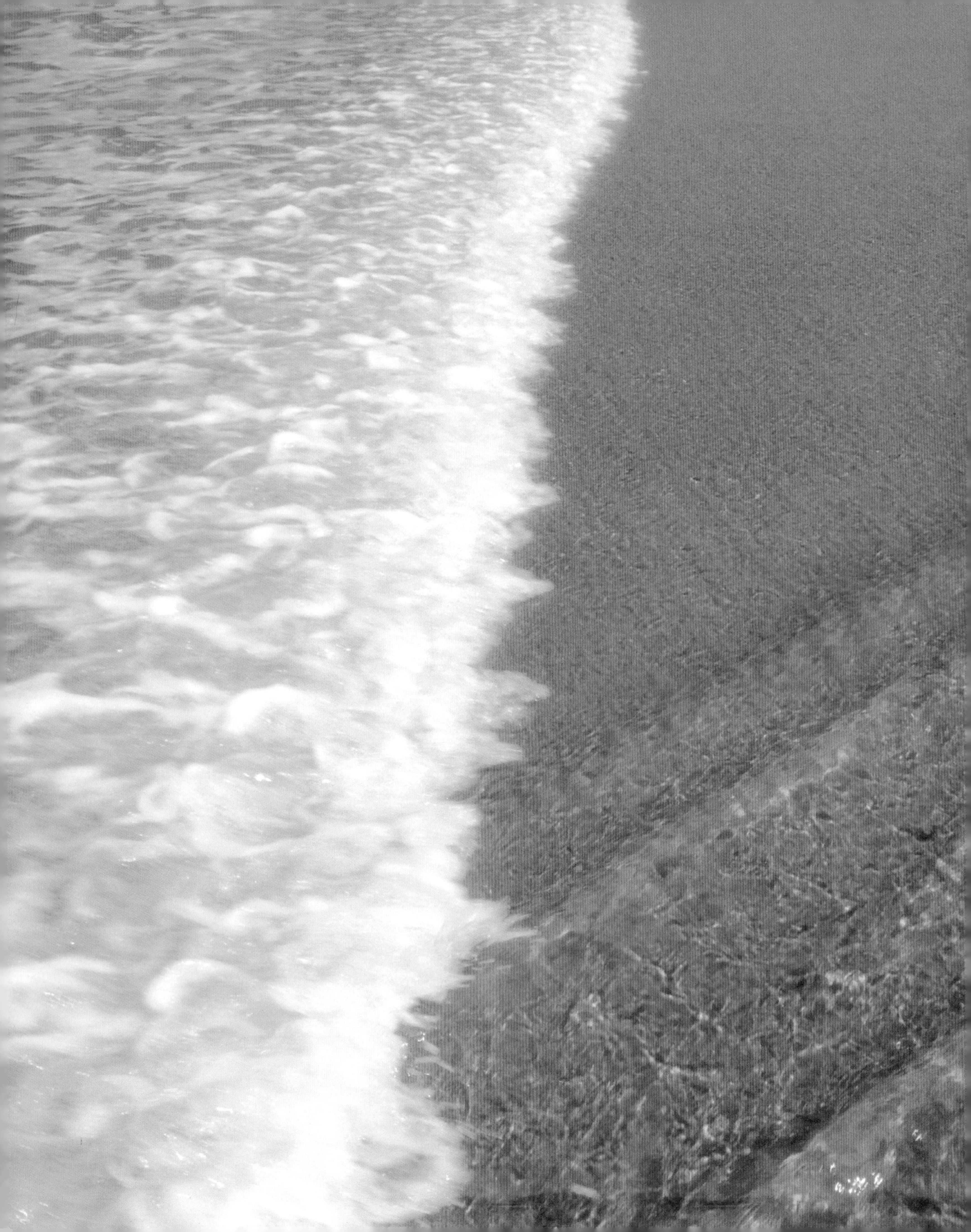

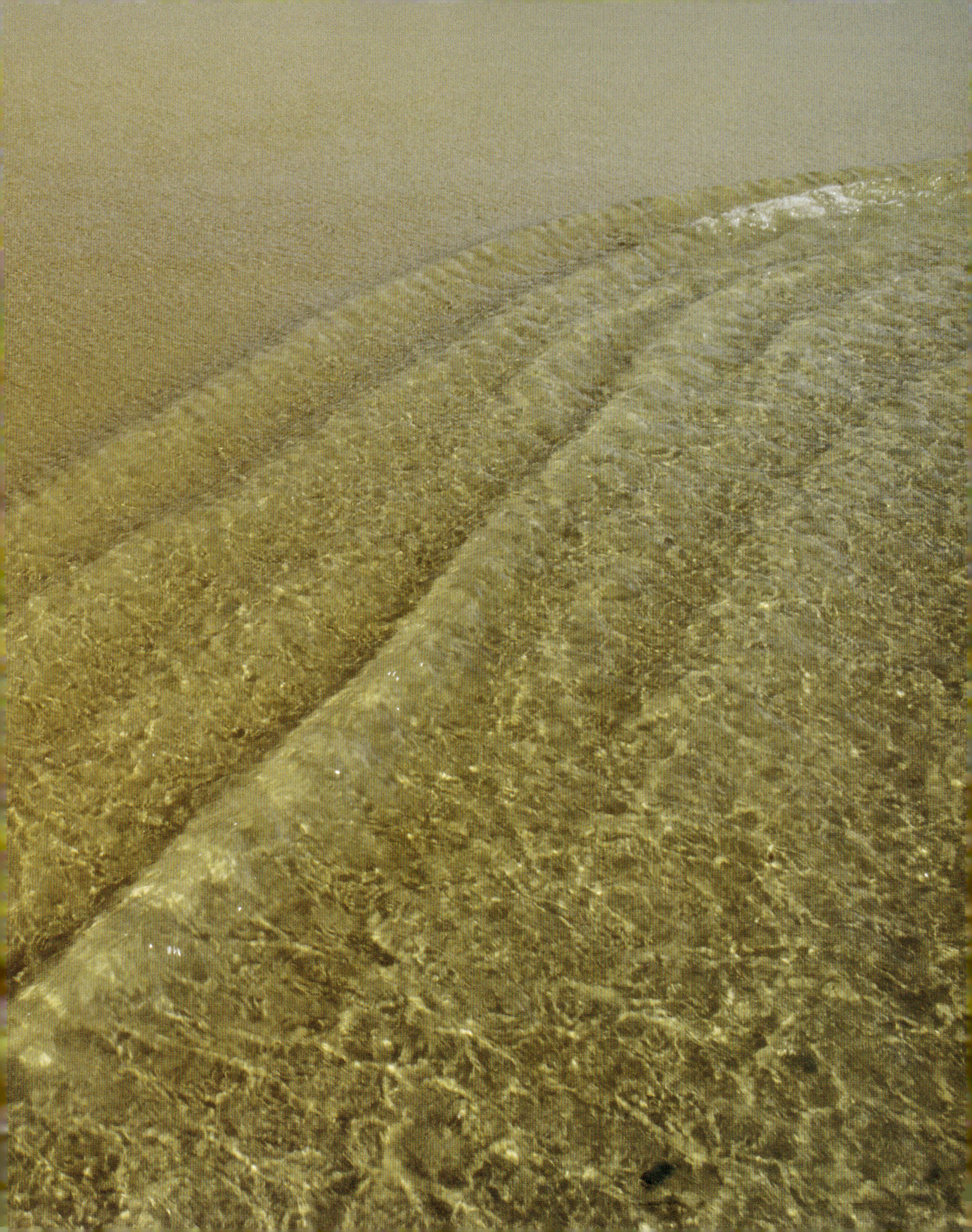

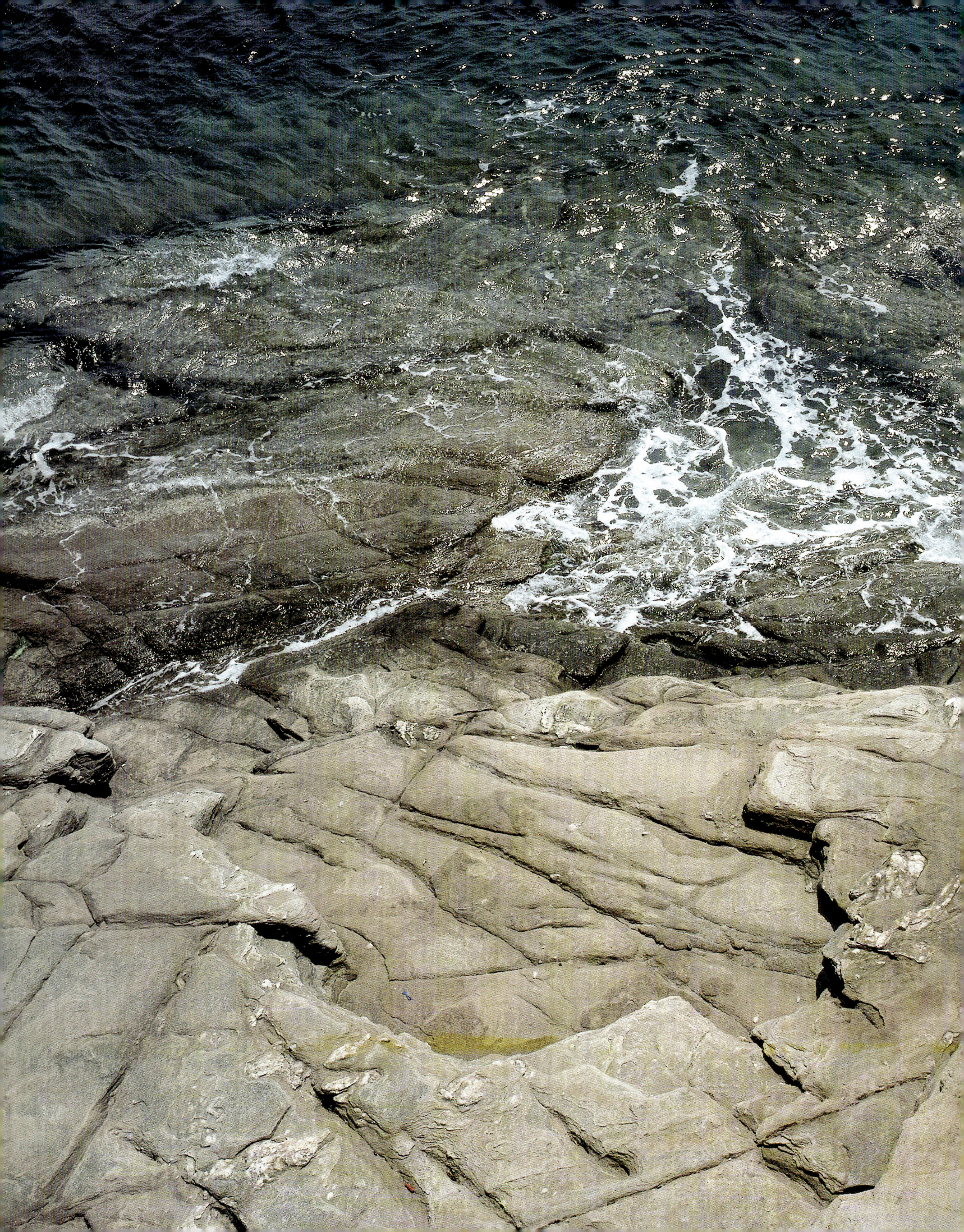

AM ANFANG WAR DAS MEER ...

Am Anfang dieses Buches stand die Faszination des Meeres – als Ursprung des Lebens, als Symbol für Freiheit, als mythischer Ort. Gestalt angenommen hat diese Faszination durch die Beschäftigung mit zwei Frauen, die sich zeit ihres Lebens leidenschaftlich für den Schutz der Meere eingesetzt haben: mit der als *dame de la mer* verehrten Autorin und Fotografin Anita Conti (1899–1997), auf die die ozeanografische Forschung in Frankreich zurückgeht, und mit Elisabeth Mann Borgese (1918–2002), die sich als Professorin für internationales Seerecht und Gründungsmitglied des Club of Rome weltweit Ansehen erworben hat. Gerne hätten wir die »Botschafterin der Ozeane« in ihrem Haus in Kanada besucht, wo, wie sie sagte, »bei Flut das Meer meinen Gartenzaun umspült«. Ihr überraschender Tod im Februar 2002 machte diesen Plan zunichte.

Wie Conti und Mann Borgese haben sich die in diesem Band versammelten Frauen dem Meer verschrieben – an der Nord- oder Ostsee, am Atlantik oder am Mittelmeer. Sie arbeiten als Krabbenpulerin oder Leuchtturmwärterin, sie stellen sich der Herausforderung des Meeres als Kapitänin oder Surferin, sie werben für den Küstenschutz und kämpfen gegen den industrialisierten Fischfang, sie huldigen dem Meer malend, musizierend oder schreibend – und sie nutzen seine Heilkraft. Ihre Liebe zum Meer ist unerschütterlich. »Es gibt Augenblicke«, so die italienische Leuchtturmwärterin Rita di Loreto, »in denen ich Lust verspüre, auf dem Wasser zu laufen. Dann ist mir, als ob mich das Meer ruft.«

Das Meer ist wunderbar wandlungsfähig: Es kann spiegelglatt sein oder toben; es glitzert und leuchtet in allen Farbnuancen von Blaugrün bis Orangerot, und es wirkt bedrohlich, wenn es sich braunschwarz verdunkelt; es riecht am »Sporn« Italiens anders als an der Ostseeküste; es hat seinen eigenen Klang in der Bretagne, und es beruhigt die Seele derer, die von einem Felseiland aus über die schwedischen Schären schauen. Die Strände des Meeres sind die idyllischsten Orte der Welt und zugleich Schauplätze der schrecklichsten Tragödien.

Keine der hier porträtierten Frauen kann sich ein Leben fern des Meeres vorstellen. Sie brauchen das Meer – und das Meer braucht sie.

Florence Hervé
Katharina Mayer

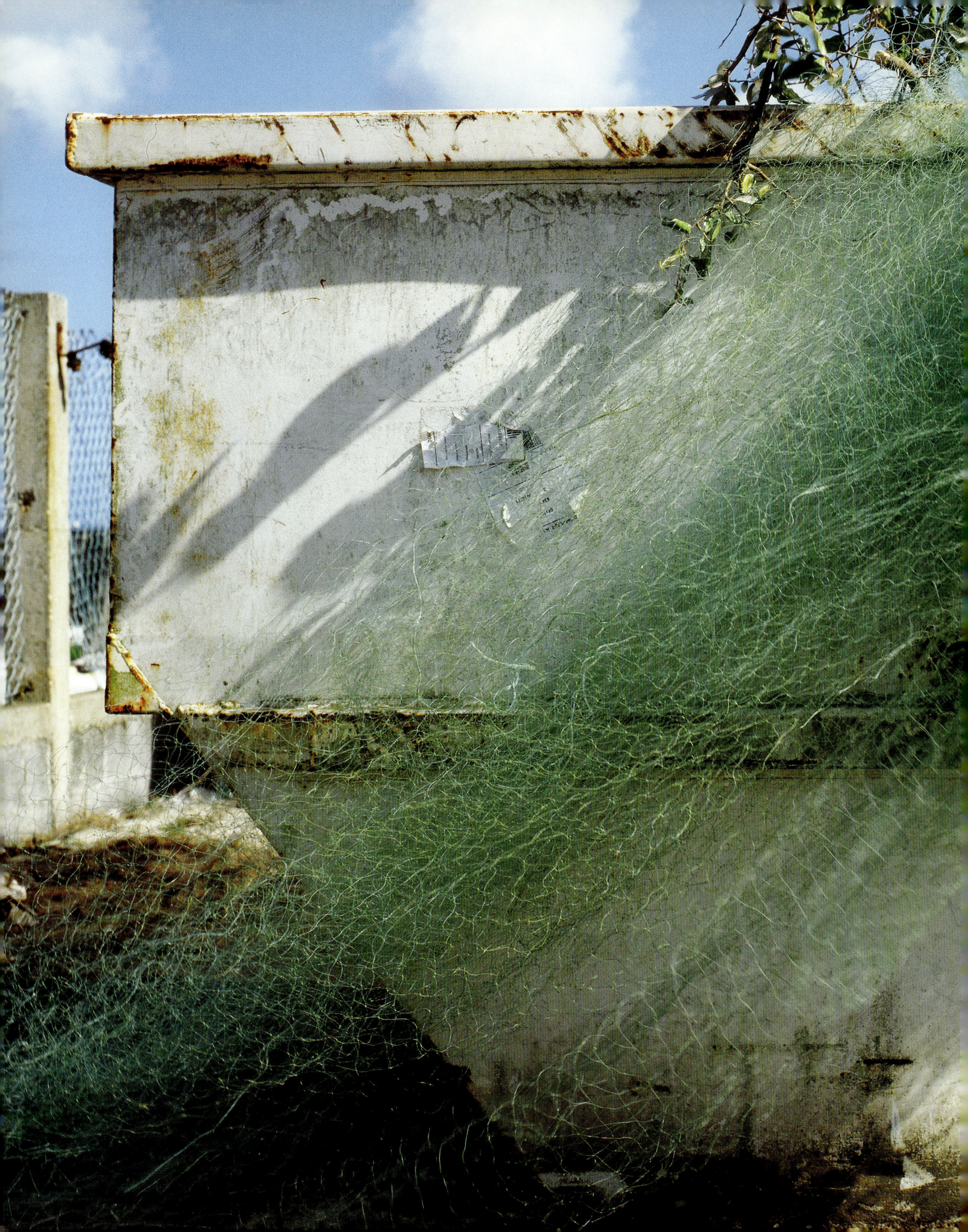

Arbeiterinnen des Meeres

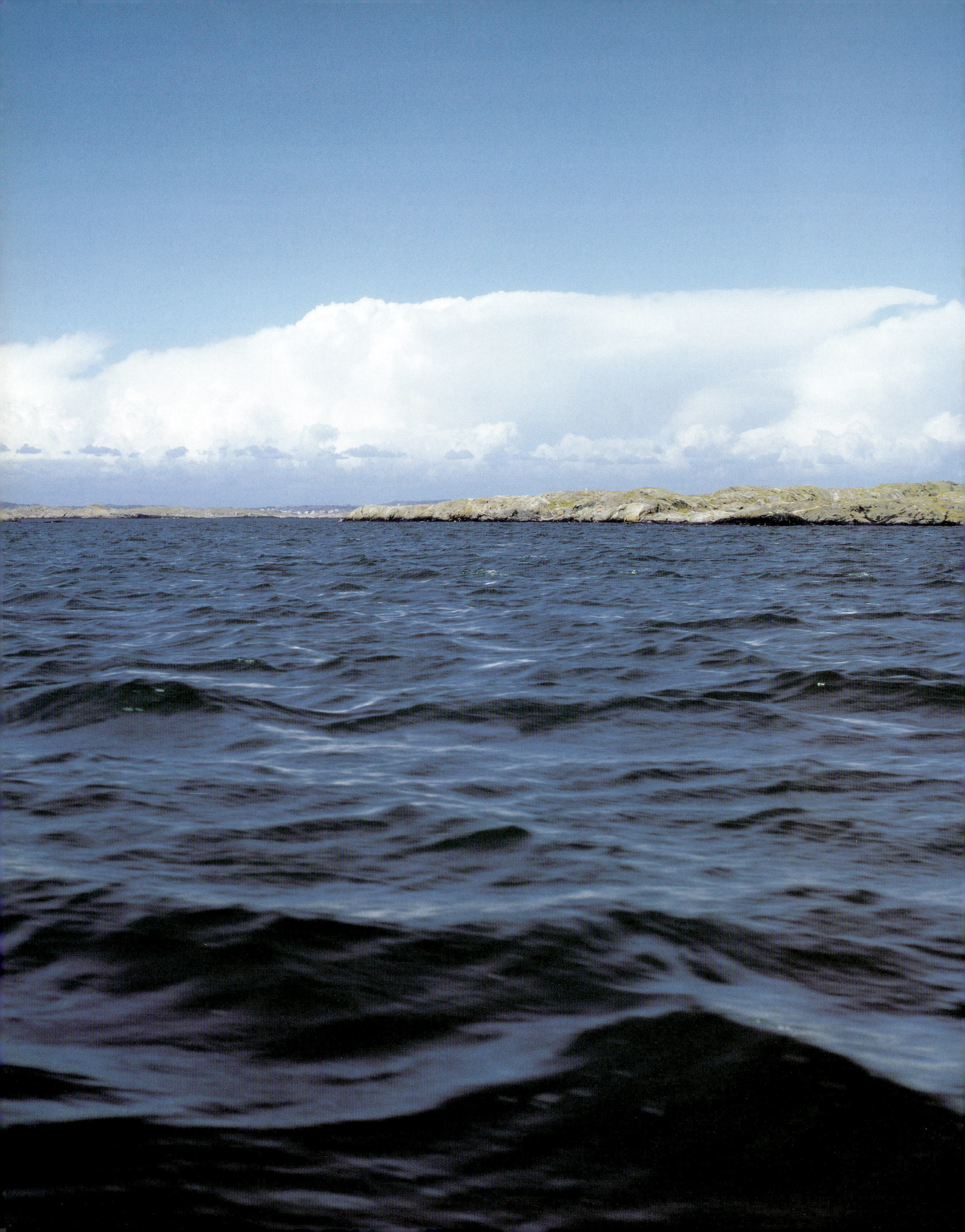

SUSANNE BADEN
Meeresbiologin

Behutsam, fast zärtlich nimmt sie einen Kaiserhummer aus dem weißen Kunststoffbassin. Das fast zwanzig Zentimeter große Meerestier mit den langen Scheren liegt starr auf der Hand der Meeresbiologin. Susanne Baden erzählt: von der Bedrohung der Kaiserhummer und der Dorsche, vom Überfischen, von der Überdüngung und von toten Meeresböden. Sie zieht eine deprimierende Bilanz – und das vor einem königlichen Himmelsblau, einem Idyll am Gullmarsfjord. In dieser kargen Felsenlandschaft lebt Susanne Baden, Jahrgang 1952, hier arbeitet, forscht und lehrt sie im Namen des Meeres.

Dabei hat sie sich keinesfalls immer für das Meer interessiert, für den Umweltschutz dagegen schon. Die Dänin spezialisierte sich zunächst auf Kläranlagen. Während des Studiums in Kopenhagen erreichte sie dann der Ruf des Meeres – auf Grönland, wo Susanne mit ihrem Freund, einem dänischen Biologen, lebte, der bedrohte Seeadler retten wollte. Sie selbst untersuchte, wie sich die Erdölförderung

»Dort, wo sich Fischbänke und Krabben befanden, sollte nach Öl gebohrt werden. Ich wollte für den Schutz der Meere kämpfen.«

auf Krustentiere auswirkt. Sie kritisierte die Pläne der dänischen Regierung, die Erdölvorkommen im westlichen Grönland auszubeuten. »Gerade dort, wo sich Fischbänke und Krabben befanden, sollte nach Öl gebohrt werden. Das konnte ich nicht hinnehmen. Also entschied ich mich, für den Schutz der Meere zu kämpfen.«

Inzwischen lehrt Susanne Baden als Professorin an der Universität Göteborg im Fachbereich Meeresbiologie und doziert vor Studenten, die ähnlich hoffnungsvoll an die Rettung der Meere glauben, wie sie es einst tat. Erst später käme die Ernüchterung. »Sie merken genau wie ich, dass sich der Einzelne nur für einen winzigen Teil dieser Welt engagieren kann.« Aber damit auch für das Ganze. Und das lässt Susanne weiter konsequent ihr Ziel, ein Stück Meer zu retten, verfolgen.

Deshalb arbeitet sie in einer der ältesten und zugleich modernsten Meeresforschungsstationen der Welt: in Kristineberg im Städtchen Fiskebäckeskil. Hier forscht auch ihr Mann Leif Pihl, Biologe und Spezialist für Fischökologie. Seit mehr als zwanzig Jahren leben sie zusammen, die beiden Söhne sind inzwischen erwachsen.

In Kristineberg untersucht Susanne Baden, wie sich die menschlichen Eingriffe in die Natur auswirken: Wie reagieren Kaiserhummer auf die Umweltverschmutzung? Welche Folgen hat die Überdüngung des Meeres für die verschiedenen

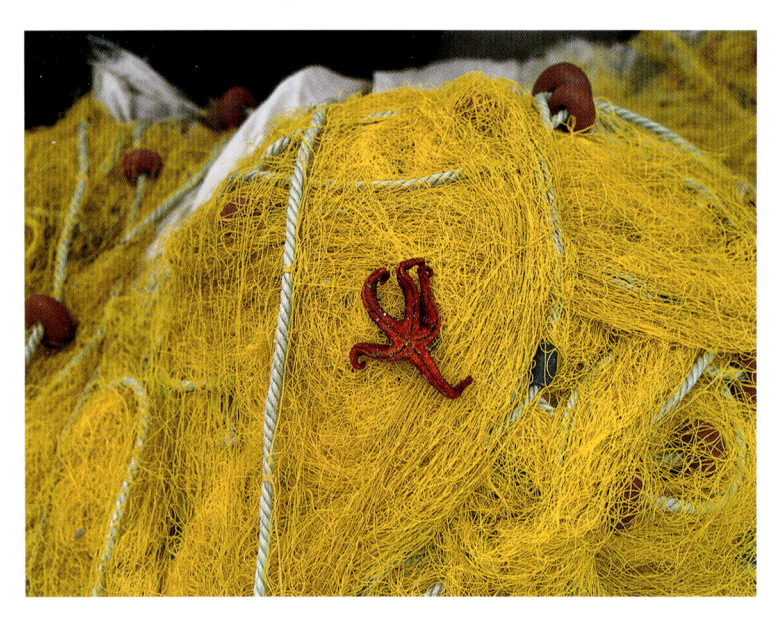

Susanne Baden arbeitet in einer der ältesten und zugleich modernsten Meeresforschungsstationen der Welt.

Fischarten? Doch die Dänin denkt über Schweden hinaus: »Erst haben wir die eigenen Meere leer gefischt. Jetzt beginnen wir auch noch, die Fischgründe der so genannten Dritten Welt auszubeuten. Das ist fatal.«

In vielen afrikanischen Ländern können die Menschen sich nicht mehr ausreichend vom Fischfang ernähren, und an der schwedischen Nordseeküste werden die Fische immer kleiner und dienen nur noch als Hühnerfutter. Es ist fünf vor zwölf, aber Susanne Baden hat noch Hoffnung: »Die meisten Menschen sind heute viel umweltbewusster als früher.« An der Universität Göteborg hat das Fach Meeresbiologie einen guten Stand. »Wir haben im Bereich der Naturwissenschaften ein neues Programm gestartet, das es den Studenten ermöglicht, für eine Woche in Kristineberg zu arbeiten. Die Konfrontation mit der Wirklichkeit ist spannend.«

Neben Forschung und Lehre ist es wichtig, die dramatische Situation der Meere zu kommunizieren. Einerseits wird die Fischerei immer technisierter, andererseits müssen die Ressourcen besser geschützt werden. Deshalb ist Susanne Baden dafür, die Fangquoten zu reduzieren, so wie von der Europäischen Union beschlossen. Große Fischereiunternehmen seien das Hauptproblem, meint die streitbare Wissenschaftlerin: »Sie schrecken selbst vor Mafiamethoden nicht zurück. Als vor wenigen Jahren über die Einschränkung der Lachsfangquoten in der Nordsee diskutiert und verhandelt wurde, wurde der Verantwortliche für die Abteilung Fischerei im zuständigen Ministerium mit dem Tod bedroht.«

Um sich Gehör zu verschaffen, engagiert Susanne sich auch auf politischer Ebene und sitzt deshalb in einer Kommission, die Empfehlungen für die schwedische Regierung erarbeitet. Da geht es unter anderem um den Schutz kleiner Fischarten. Was die Politiker allerdings aus dem Rat der Experten machen, ist eine andere Sache.

Auch im Hörsaal der Station in Kristineberg hält Susanne Vorträge. Von dort aus schaut sie auf die Nordsee und die Schären.

Seit Beginn der 1990er Jahre kämpft die Dänin nicht nur für das Meer, sondern auch für die Emanzipation der Frauen in der Wissenschaft. »Bis vor zwanzig Jahren waren wir nur wenige Frauen, die sich für den Schutz des Meeres einsetzten. 1993 habe ich zusammen mit einer Kollegin ein Symposium initiiert und ein Netzwerk gegründet: die *Havsfruarna* (die Nixen).« Alljährlich treffen sich fünfzig Frauen in einer der fünf schwedischen Forschungsstationen und besprechen unter anderem, wie man sich um Stipendien bewirbt und wie man an Geld und Fördermittel kommt: »Die Universitäten haben wenig Geld, und so entscheiden von der Regierung bezahlte Gremien, welche Projekte finanziert werden. Deshalb ist es wichtig, mehr Frauen für diese Gremien zu gewinnen.«

Susanne Baden hat sich niemals von ihren Idealen abbringen lassen, das ist ihre Stärke, mit der sie kämpft – für das Meer und für eine bessere Welt.

CLAUDIA BELIS
Kapitänin

Im Niendorfer Hafen liegt die weiß-blaue, fast 14 Meter lange *Marina* vor Anker, ganz am Ende des Kais. Unter strahlendem Azur umplätschert das Wasser leise die Motoryacht, die bis zu zwölf Passagiere aufnehmen kann. Der Kapitän ist eine Frau – das klingt ungewöhnlich, wirkt jedoch ganz selbstverständlich, wenn man die Kapitänin kennt.

Claudia wuchs in Timmendorfer Strand auf, wo sie auch heute noch wohnt, nur ein paar Schritte vom Niendorfer Hafen entfernt. Unmittelbar vor der Haustür erstreckt sich die Ostsee, und in ihrer Familie gehört es zur Tradition, Berufe zu erlernen, die mit dem Wasser zu tun haben. Der Vater war mit seinen beiden Kuttern *Makrele* und *Forelle* als Fischer unterwegs, bevor er 1982 die *Marina* erwarb, auf der er Gästefahrten organisierte.

Schon als kleines Mädchen begleitete Claudia den Vater lieber auf einem seiner Kutter, als mit den Freundinnen oder mit Puppen zu spielen. Ob Angelfahrten im

»Wasser unter den Füßen, ohne das geht es nicht. Auch wenn der Beruf bei schlechtem Wetter ganz schön hart ist.«

Sommer oder Fischfang im Winter, ob es stürmte oder schneite, Claudia war immer mit an Bord. »Nach der Schule bin ich nach Hause gerannt, habe meinen Schulranzen in die Ecke geworfen und bin zum Hafen runter«, erzählt die blonde Norddeutsche lächelnd.

Der Vater vertraute seiner Tochter und erlaubte ihr, bereits mit acht Jahren das Ruder zu bedienen oder das Schiff in den Hafen zu manövrieren. Als die Kinder in der Schule gefragt wurden, was sie später einmal werden möchten, zögerte Claudia nicht einen Augenblick: »Kapitän natürlich.« In der Klasse wurde sie deswegen ausgelacht, aus den Augen verlor sie ihr Ziel aber nie: Heute darf sie sich Kapitänin nennen. Bis dahin war es allerdings ein weiter Weg.

Claudia, Jahrgang 1964, gehört zu den wenigen Frauen, die eine dreijährige Ausbildung als Fischwirtin in der Fischereifachschule Eckernförde absolviert haben;

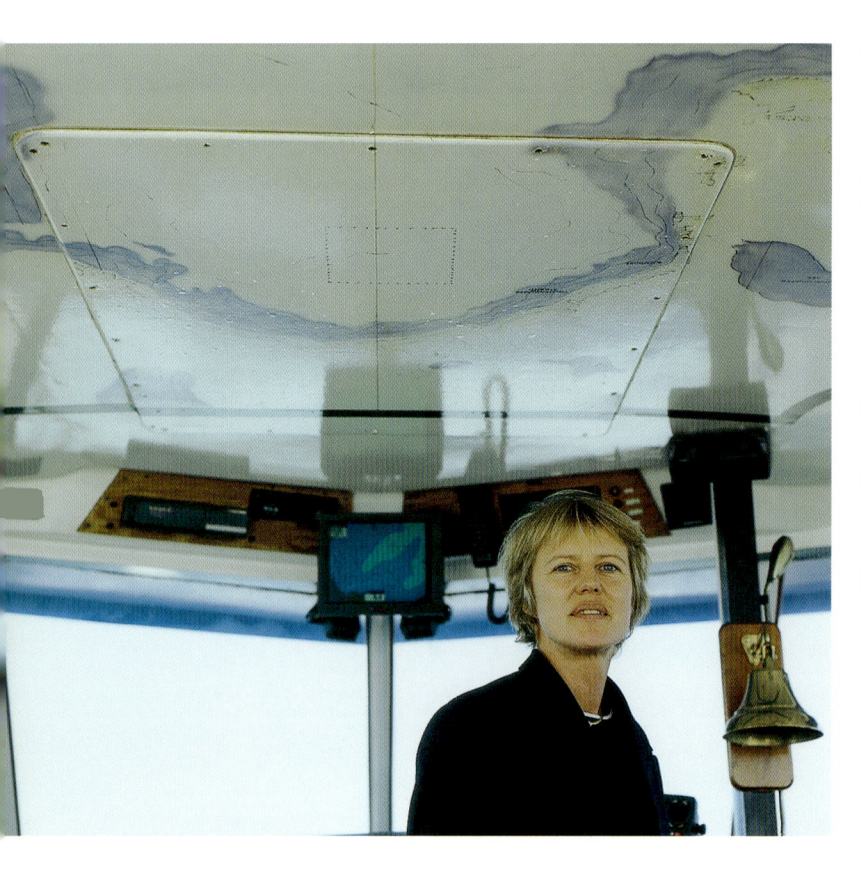

20 | CLAUDIA BELIS

In ihrer dunkelblauen, mit Goldtressen verzierten Kapitänsuniform sitzt Claudia selbstbewusst am Steuerruder.

unter den 42 Schülern in der Klasse war sie das einzige Mädchen. Im Anschluss erwarb sie zunächst das Kapitänspatent für Küstenfischerei (BKü) in Eckernförde und dann das Patent für die Kleine Hochseefischerei (BK) auf der Seefahrtschule in Lübeck. »Damit bin ich berechtigt, Schiffe mit bis zu tausend Passagieren in einem Radius von sechzig Seemeilen zu fahren – im Bereich der Nord- und Ostsee.« Zwischendurch erwarb Claudia außerdem das Maschinenpatent sowie Feuerschutz-, Rettungsboot- und Sprechfunkscheine.

Sie schwankte noch zwischen dem Wunsch, in die Fischereiforschung zu gehen oder sich bei der Wasserschutzpolizei oder dem Zoll zu bewerben, als ihr Vater 1984 plötzlich starb. »Da habe ich beschlossen, das Geschäft meines Vaters zu übernehmen und die *Marina* zu behalten.«

Claudia begann als Fischerin. Im Winter fing sie Dorsch, im Frühjahr und Herbst gab es Heringe, manchmal auch Schollen und Flunder, Lachs war eher die Ausnahme. »In den 1980er Jahren bekam man gerade noch 19 Pfennig für das Pfund Heringe. Damit konnte man sich nicht einmal die Butter aufs Brot verdienen, also musste ich neue Wege suchen.« Und die fand sie. Seit 1988 bietet die Kapitänin von Ostern bis zum Ende der Herbstferien Gästefahrten an – vormittags rund um die Neustädter Bucht, nachmittags an die Mecklenburger Küste und nachts nach Grömitz, um die »Ostsee in Flammen« vom Schiff aus zu bewundern. Ganz neu im Programm sind Hochzeiten auf See, ihre Premiere hat Claudia bereits hinter sich. Dabei stellt sie sich ganz auf die Wünsche der Jungvermählten ein: Entweder kommt ein Standesbeamter oder ein Priester mit an Bord, oder das Brautpaar entschließt sich, einfach drei Stunden lang auf der Ostsee zu schippern und zu feiern.

Claudia Belis führt aber auch Seebestattungen durch, ganz in der Tradition ihres Vaters, der Ende der 1970er Jahre erste Urnenbestattungen vornahm. Ein Seemannsfreund hatte sich damals eine Bestattung auf See gewünscht – wie einst der Lübecker Autor Bern Hardy, dessen Worte auf dem Informationsblatt der Reederei Belis zu lesen sind: »Und schlägt mir eines Tages die letzte Stunde (...), dann wünsche ich mir am Meeresgrunde, zwischen Muscheln ein Seemannsgrab. Tobt oben der Sturm über See daher, begleitet von Wellenrauschen, dann möchte ich jenen Platz im Meer mit keiner Königsgruft tauschen.«

Seebestattungen sind heute keine Seltenheit mehr in Deutschland, bis zu sechstausend gibt es jährlich. »Ich vollziehe im Jahr rund vierhundert Bestattungen«, erzählt Claudia sachlich, »immer außerhalb der Dreimeilenzone, zwischen der Neustädter und der Lübecker Bucht. Und dann kommen da noch die Gedenkfahrten für Angehörige und Freunde der Toten dazu, die zur Seebestattungsposition fahren möchten.« Jeweils am dritten Sonntag im Mai und im September bietet sie diese Fahrten, inklusive Kaffee und Kuchen, zu einem Preis von € 13,– pro Person an.

In ihrer dunkelblauen, mit Goldtressen verzierten Kapitänsuniform wirkt Claudia selbstbewusst. Langsam steuert sie die *Marina* aus dem Hafen heraus, nach einer halben Stunde stoppt sie auf dem offenen Meer die Motoren. Wenn kein Pastor dabei ist, hält sie selbst die Trauerrede. Danach lässt sie die rund zehn Kilogramm schwere grüne Urne aus löslichem Muschelkalk von der Steuerbordseite aus ins Wasser; am Ende der Zeremonie wirft sie die von den Angehörigen oder Freunden besorgten Blumen über Bord. In langsamen Kreisen drehen sich die Blüten auf der ruhigen Wasseroberfläche, bevor sie still im Meer versinken. Nach einer Ehrenschleife um die Absenkungsstelle kehrt die *Marina* in den Hafen von Niendorf zurück.

»Seebestattungen verlaufen nicht immer so ruhig«, sagt die erfahrene Fahrensfrau, »bei schlechtem Wetter ist der Beruf ganz schön hart. Einmal qualmte es mächtig im

Claudia lässt die schwere grüne Urne aus Kalk von der Steuerbordseite aus ins Wasser, wo diese sich auflöst. Anschließend werfen Trauergäste oft Blumen ins Wasser.

CLAUDIA BELIS | 23

Maschinenraum, aber ich konnte die Kühlwasserpumpe nicht auswechseln. Also musste ich bei hohem Seegang umdrehen.« Es kommt auch vor, dass Trauergäste so stark unter Seekrankheit leiden, dass sie am liebsten ins Wasser springen würden. Ganz schwierig wird es, wenn Claudia die Urne im Wasser versenkt. Trauer, Abschiedsschmerz, Verlustängste brechen sich dann Bahn. »Eine völlig verstörte Witwe sprang mir einmal von hinten an den Hals und drückte mir den Kehlkopf zu, sodass ich keine Luft mehr bekam. Das werde ich niemals vergessen.«

Trotzdem überwiegen in ihrem Beruf, der ihr kaum einen freien Tag lässt, die positiven Erlebnisse. »Es ist einfach toll, auf dem Wasser zu sein«, sagt Claudia strahlend. Diese Liebe zum Meer und zu ihrem Beruf hat auch ihren Lebensgefährten, einen ehemaligen KFZ-Meister, angesteckt. Im Alter von 42 Jahren begann Herbert Granzow noch eine neue Ausbildung. Inzwischen hat er das Kapitäns- und Maschinenpatent in der Tasche und arbeitet ebenfalls als Kapitän; er fährt das zweite, größere Schiff der Reederei Belis – die *Hanseat*.

Dass Claudia und Herbert im Urlaub nicht in die Berge fahren, versteht sich. Es muss schon das Meer sein und am liebsten auf einem Schiff – im letzten Winter haben sie während einer Kreuzfahrt auf der *Arosa Blue* das türkisfarbene Wasser der Karibik erkundet. »Wasser unter den Füßen, ohne das geht es nicht«, kommentiert die Kapitänin, die sich sofort wieder für ihren Beruf entscheiden würde, sollte sie noch einmal vor die Wahl gestellt werden.

Die »Marina« wird für Gästefahrten und Seebestattungen rund um die Neustädter Bucht genutzt.

In dem Raum, in dem die Urne aufgestellt ist, halten sich auch die Trauernden auf. Bei Gedenkfahrten gibt es Kaffee und Kuchen.

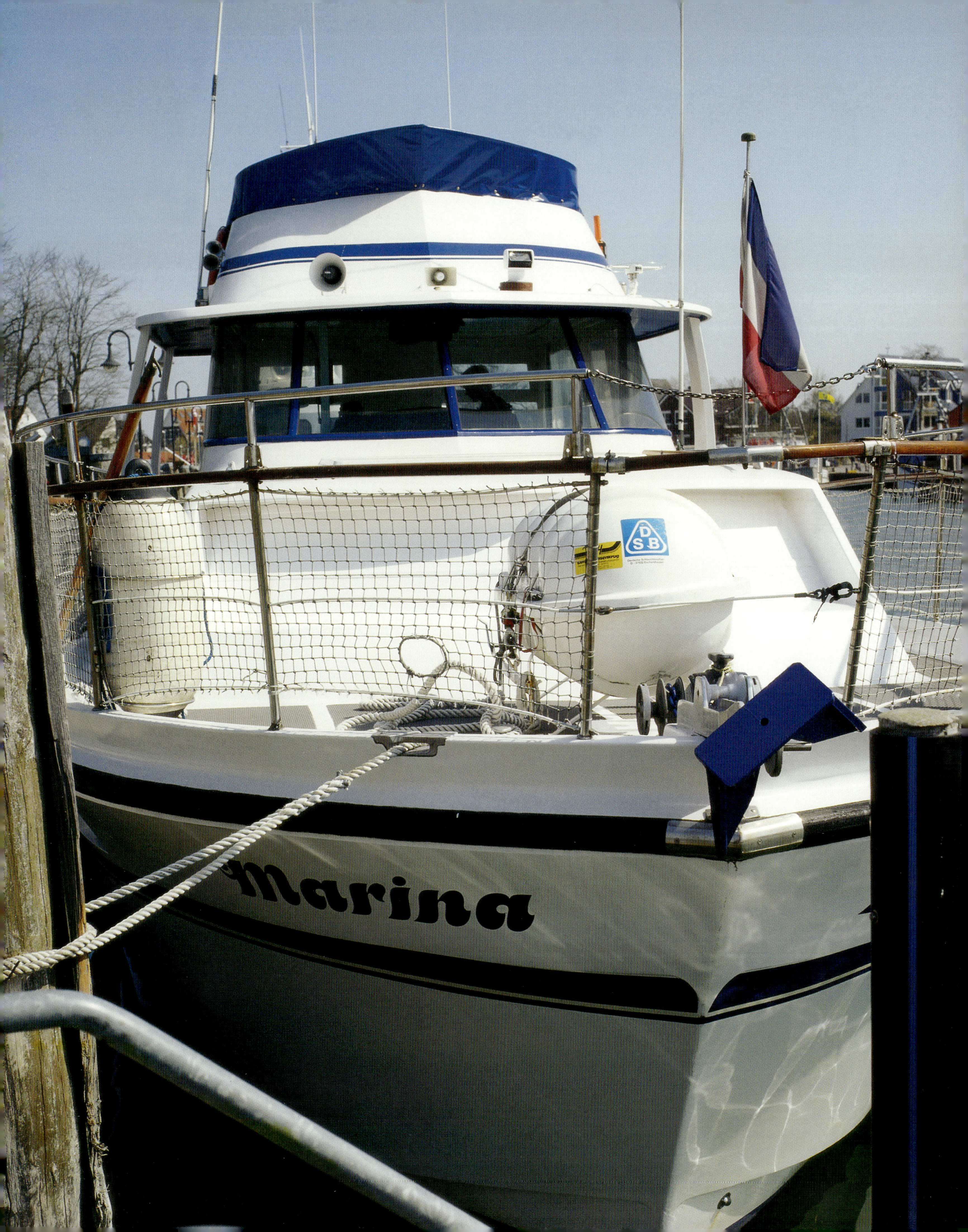
DSB
Marina

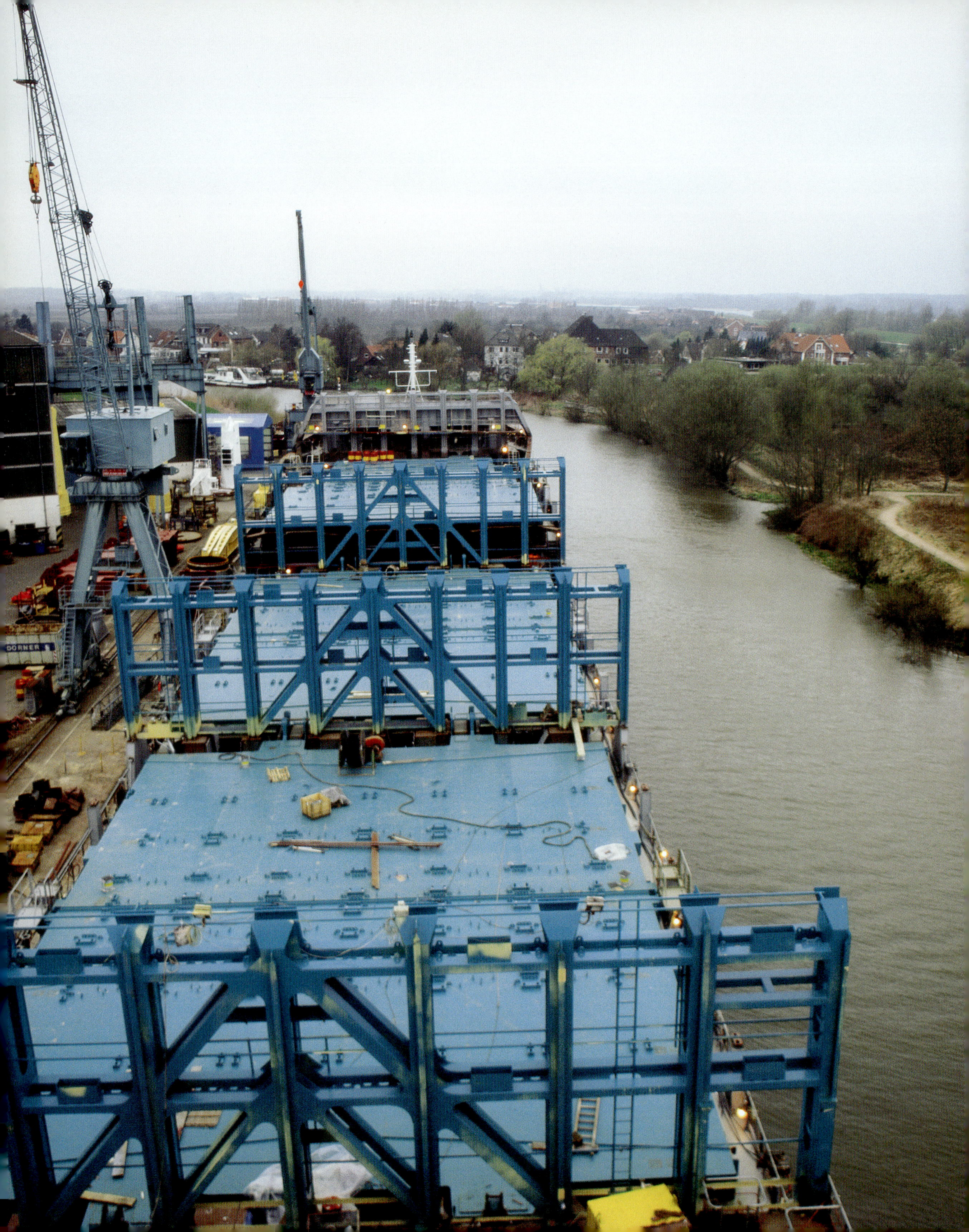
DORNER

PETRA HEINRICH
Reederin

Eine Röhre ist mal wieder wegen Bauarbeiten gesperrt und damit ist der Stau vorm Elbtunnel am Hamburger Hafen zwangsläufig – unten fließt die Elbe, ringsum sieht man Container und Schiffe, von oben strahlt die Sonne, im Osten verlaufen die weich geschwungenen Elbbrücken, im Westen schweift der Blick gen Nordsee. Das bisschen Verspätung ist nicht so schlimm, die Reederin kennt das. Petra Heinrich steht auf der *Lappland,* ihrem 118 Meter langen Containerfrachter. Zehn Mann Besatzung arbeiten auf diesem Schiff, das bis zu sechstausend Tonnen Ladung aufnehmen kann. Die *Lappland* steht kurz davor, in Richtung Schweden auszulaufen, mit unterschiedlichster Ware, darunter Papier und Kaffee. Deshalb verfrachtet uns die 39-jährige Petra kurzerhand ins Auto und steuert durch das blühende Alte Land zu der großen Sietas-Werft am Este-Arm der Elbe. Hier liegt ihr neuer Frachter, 137,50 Meter lang, mit einer Tragfähigkeit von 8900 Tonnen; in nur vier Monaten soll er aus Fertigteilen zusammengebaut werden.

»*Es reizt mich einfach, hinauszufahren und die Unendlichkeit des Wassers zu spüren. An Bord erweitert man seinen Horizont.*«

Voller Stolz führt uns die Reederin durch ein Wirrwarr von Drähten, Röhren und Farbeimern, vom Kielraum bis zur Kombüse und zur Brücke des Kapitäns. Oben an Deck wird einem fast schwindelig, denn circa zwanzig Meter tiefer erstreckt sich die Este, die von Buxtehude kommend auf der Höhe von Blankenese in die Elbe und dann weiter in die Nordsee fließt. Nach seiner Fertigstellung soll das neue Schiff, das in den Farben Himmelblau, Türkis und Weiß gestrichen ist – Blau ist Petras Lieblingsfarbe –, in der Hamburger Norderwerft auf den Namen *Helgaland* getauft werden. Danach wird es mit rund achthundert Containern nach Finnland auslaufen, bei einer Geschwindigkeit von fast zwanzig Knoten, das sind 37 Kilometer pro Stunde.

Petra schaut auf die Ladefläche ihres noch nicht fertig gebauten Schiffes und inspiziert die vielen Räume.

Die Reederei Heinrich, die seit 1862 besteht, hat Tradition – wie der Name Helga. 22 Jahre lang steuerte der Großvater »seine *Helga*«, ein Handelsschiff mit Schüttgut über die Weltmeere. Petras Schiff ist die fünfte »*Helga*«, Namensgeberin ist Petras Mutter.

Zur See fahren wollte die unternehmungslustige Reederin schon immer. Beide Großväter waren Kapitäne und Reeder in Hamburg, und beim Vater durfte sie während der Schulferien mit an Bord. So kam sie schon mit zwei Jahren nach Irland, und bevor sie das Abitur in der Tasche hatte, lernte sie die Meere kennen. Doch den maritimen Berufswünschen der Tochter stand der Wille der Mutter im Weg. Petra sollte etwas »Vernünftiges« lernen, Apothekerin zum Beispiel, auf alle Fälle keinen »Männerberuf« ergreifen. Zur See zu fahren sei nichts für Frauen. Doch Petra setzte sich durch, auch wenn sie zunächst darauf verzichtete, das Kapitänspatent zu machen und stattdessen eine Ausbildung zur Schifffahrtskauffrau absolvierte. »Die Lehrzeit machte mir viel Spaß, obwohl wir Schülerinnen nie die Klarierung im Hafen übernehmen durften und meist zu Büroarbeit verurteilt wurden. Das fand ich ungerecht, denn ich wollte auch auf die Schiffe, genau wie meine männlichen Kollegen.« Nach zweieinhalb Jahren Ausbildung ging Petra Heinrich für sieben Monate als Schifffahrtskauffrau nach London.

Die Seefahrt ließ ihr keine Ruhe, deshalb begann sie anschließend eine Ausbildung zur Schiffsmechanikerin im elterlichen Betrieb. »Das bedeutete Arbeit auf dem Schiff und natürlich auf dem Meer – genau das wollte ich endlich erleben!«

Inzwischen ist Petra bis zu sechs Monaten am Stück unterwegs. Ihr Fahrtgebiet sind die Nord- und Ostsee sowie das Mittelmeer, das gefällt ihr. »Es reizt mich einfach, in die weite Welt hinauszufahren, die Unendlichkeit des Wassers zu spüren, andere Menschen, Sprachen, Sitten und Nationalitäten kennen zu lernen. An Bord verliert man seine Scheuklappen und erweitert seinen Horizont.« Am liebsten würde sie alle engstirnigen Leute zur Seefahrt verpflichten, sagt sie und lächelt, während ihr der Wind den dunkelblonden Pony durcheinander weht. Sie steht da in ihrem marineblauen Anorak mit dem leuchtend roten Kragen und nichts scheint sie erschüttern zu können. Dieser Frau kann man blind ein Schiff anvertrauen.

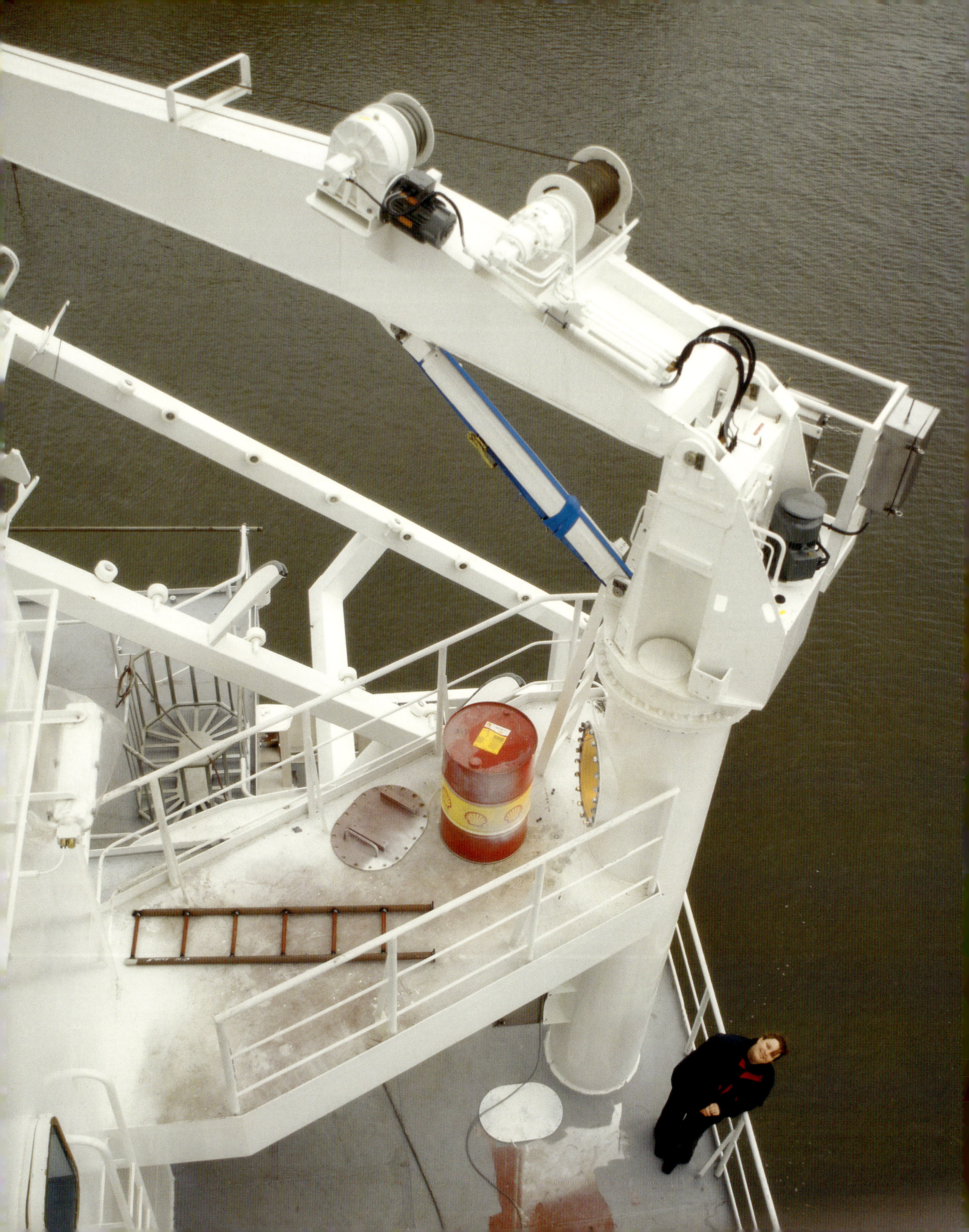

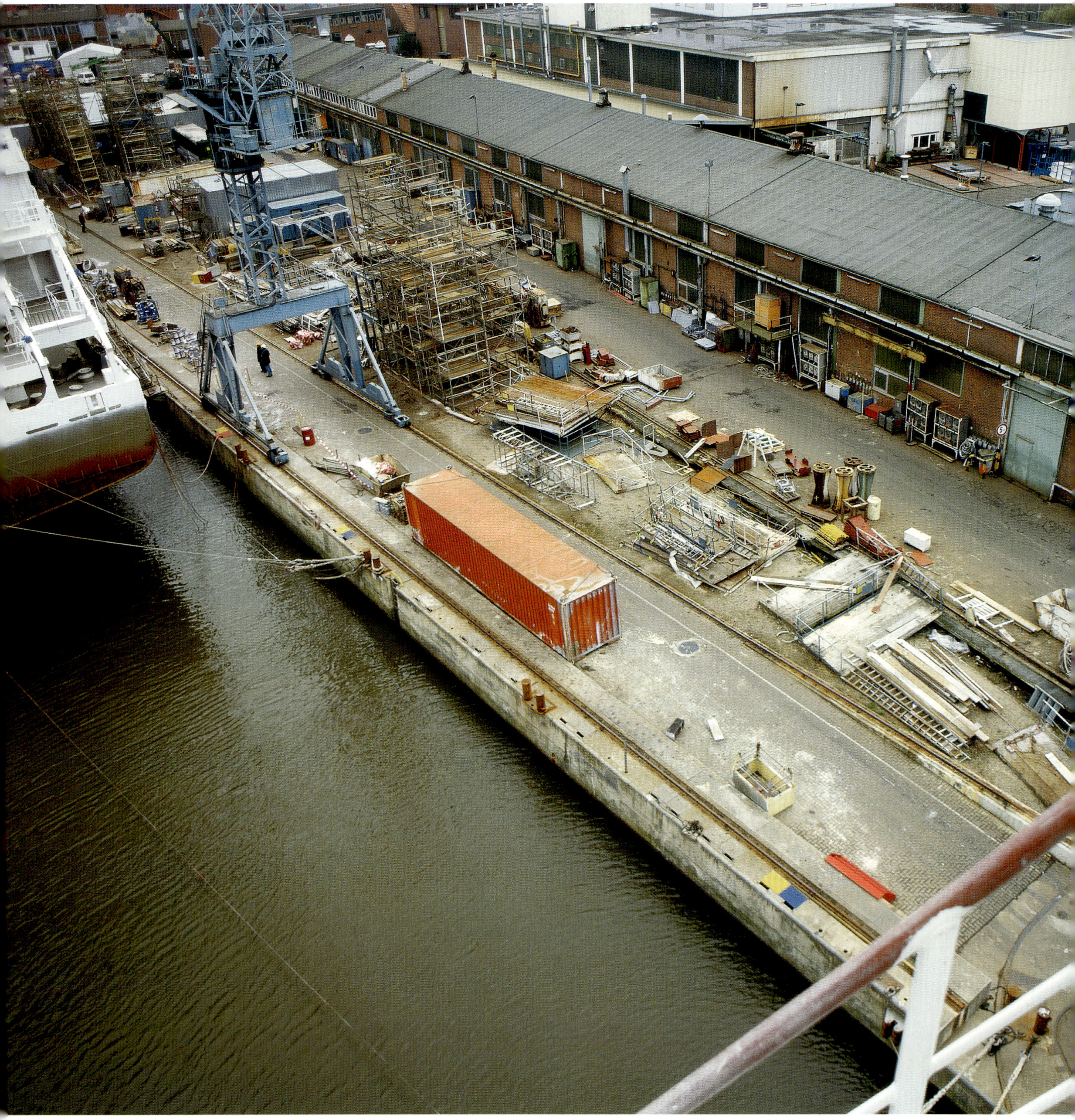

1990 übernimmt Petra den elterlichen Betrieb, die Kümoreederei Heinrich, und wird Reederin. »Das erfordert ein starkes Durchsetzungsvermögen und sicheres Auftreten«, sagt sie, »klar, als Frau muss ich immer wieder gegen Vorurteile ankämpfen.« 1999 gründete sie deshalb in Flensburg zusammen mit Kolleginnen den Verein »Frau zur See«, eine Interessengemeinschaft für die im Bereich Schifffahrt beschäftigten Frauen. Der Verein soll nicht nur Berufseinsteigerinnen in einer noch heute von Männern dominierten Arbeitswelt kompetent informieren und ihnen helfen. »Man ist auch füreinander da, wenn man Probleme hat oder sich austauschen möchte, ob über das Heimweh oder die zwiespältigen Gefühle, die eine längere Trennung von der Familie mit sich bringt«, erklärt Petra Heinrich. Sie selbst hat solche Schwierigkeiten inzwischen bewältigt. »Mein Beruf lässt sich gut mit der Familie vereinbaren, aber nur, weil mein Mann mich unterstützt. Er war früher selbst Kapitän. Er hilft bei der Arbeit, im Haushalt und bei der Erziehung unserer beiden Söhne.« Trotzdem ist der Arbeitstag nicht zu Ende, wenn Petra Heinrich abends nach Hause kommt. Der neunjährige Philipp und der fünfjährige Nils müssen versorgt und zu Bett gebracht werden, anschließend setzt sie sich dann oft noch an den Schreibtisch.

Der Beruf einer Reederin ist anspruchsvoll und vielseitig. Petra Heinrich muss Personal auswählen und einstellen, die Finanzierung sichern, die Buchhaltung verantworten, Ersatzteile bestellen und die Werftliegezeiten organisieren. Die Selbstbe-

Stolz führt uns die Reederin durch das Wirrwarr von Drähten und Röhren in dem riesigen Bauch des Schiffes.

wusste genießt die Freiheit, eigenverantwortlich entscheiden zu können und nicht auf andere angewiesen zu sein. Außerdem liebt sie es, nach Lösungen zu suchen und diese umzusetzen. Sie sieht sich als einen glücklichen Menschen: »Ich habe eine liebe Familie, einen Beruf und stehe auf soliden Beinen, was will ich mehr?«

Und doch gibt es noch einen unerfüllten Traum: das Kapitänspatent. Deshalb studiert Petra seit dem Jahr 2000 im Institut für Schiffsbetrieb, Seeverkehr und Simulation der Hochschule für Angewandte Wissenschaften in Hamburg – als eine von zwei Frauen unter elf Männern. Zu ihren Hauptstudienfächern gehören Nautik, Logistik sowie Statik und Stabilität, außerdem muss sie Kurse in Seerecht, Astronomie und Hygiene belegen. Nach dem Studienabschluss im Sommer 2004 wird sie als stolze Kapitänin vielleicht zur See fahren. Doch zunächst einmal will das Patent geschafft sein, und dann ist da ja noch die *Helgaland*, die fertig gebaut werden muss.

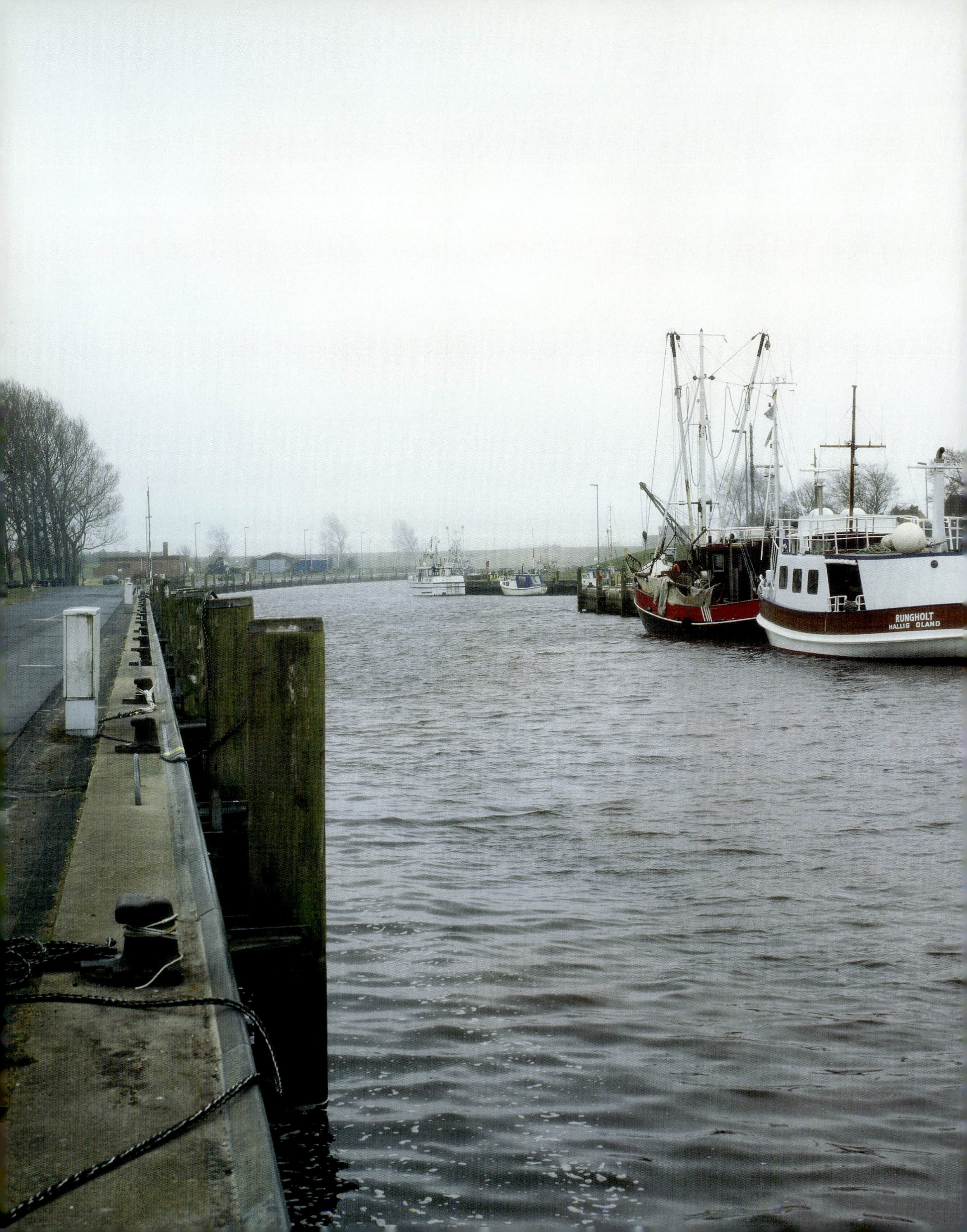
RUNGHOLT
HALLIG OLAND

KARIN KOLSTER

Krabbenpulerin

Es ist kalt und nass-grau, das Ende des Winters an der Dithmarscher Bucht gibt sich unwirtlich, doch die grünen Köge – das flache, von Deichen umschlossene, aus der See gewonnene Marschland mit den weidenden Schafen und den schmucken Ziegelsteinhäusern – haben eine ganz eigene Anziehungskraft. Hinter Einförmigkeit und Melancholie spürt man das Ungestüme, Leidenschaft gepaart mit Hartnäckigkeit. Das flache Land an der Nordsee prägt seine Bewohner – auch die blonde Frau, die zusammen mit ihrer Kollegin in Friedrichskoog Krabben nachpult.

Karin Kolster, Anfang vierzig, strahlt Bescheidenheit und Stolz zugleich aus. Sie ist in Kronprinzenkoog, dem kleinen Nordseebad am Wattenmeer geboren und aufgewachsen; noch heute wohnt sie gleich hinterm Deich und kann sich nicht vorstellen, jemals woanders zu leben. Karin Kolster ist Krabbenpulerin, und sie ist es gern. Etwas anderes kommt für sie nicht in Frage.

»Im Sommer bade ich im Meer und grille mit Freunden Stint. Ein Leben weit weg vom Meer ist mir unvorstellbar.«

Schon als Kind hat sie gelernt, Krabben aus ihren Schalen zu befreien, zu Hause bei den Großeltern, die zur Aufbesserung ihrer Rente nebenbei Geld verdienen mussten und täglich einen Eimer voller Krabben pulten. In einer Stunde schafften die Großeltern drei Pfund Krabben, das ergab ein Pfund Krabbenfleisch. Als Karin größer wurde, hat sie in den Sommer- und Herbstferien mitgeholfen und dabei ihr erstes eigenes Geld verdient – zwei Mark die Stunde. »Andere Jobs gab es hier auch nicht«, sagt sie.

Nach der Schule arbeitete sie für kurze Zeit in einem kleinen Geschäft für Lederschmuck, dann heiratete sie einen Schäfer, und als ihr erstes Kind unterwegs war, begann sie wieder mit dem Pulen. Es war harte Heimarbeit, die den ganzen Vormittag Konzentration und Präzision forderte.

Inzwischen sind die Zeiten, in denen Frauen zu Hause die bis zu fünf Zentimeter langen, glashellen Krabben pulten, vorbei. Beim Pulen wird die Krabbe gerade gebogen, der Schwanzteil mit einer Vierteldrehung vom Kopf gelöst und die Schale abgezogen; diese zeitaufwändige und deshalb teure Tätigkeit wurde aus wirtschaftlichen Gründen rund um die Nordsee eingeschränkt. Die zumeist holländischen Vermarkter

Pause nach der Arbeit im gekachelten, etwas tristen Fischimbiss im Kutterhafen von Friedrichskoog am Wattenmeer.

38 | KARIN KOLSTER

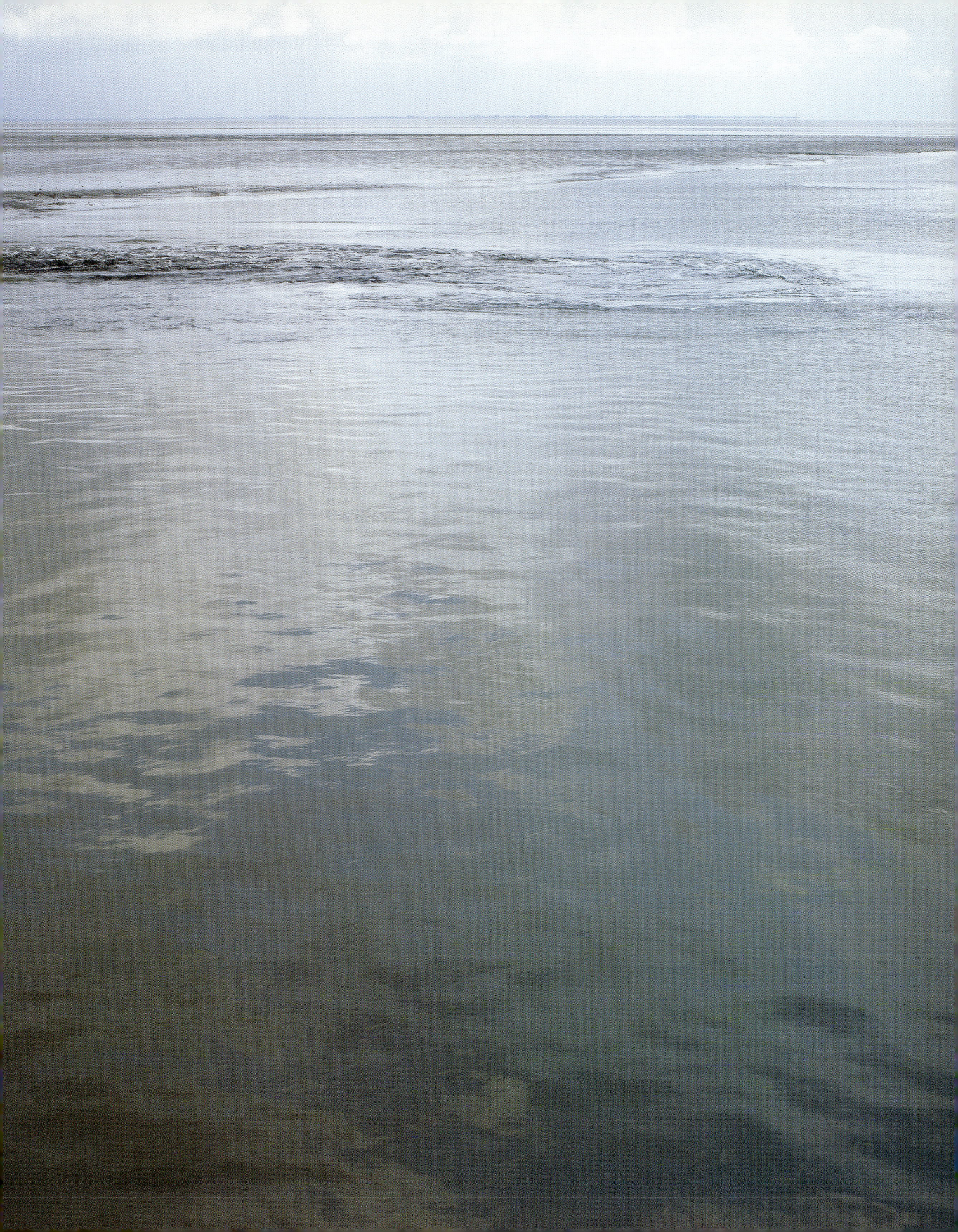

lassen die Krabben heute in Marokko oder in Polen verarbeiten, wo die Arbeitskraft billiger zu haben ist. Doch das bedeutet auch, dass die Krabben erst zwei Wochen, nachdem sie in der Nordsee gefangen wurden, auf den Markt gelangen.

Bei der Firma Urthel, einer einsamen Kämpferin auf dem einheimischen Krabbenmarkt, ist die Ware dagegen frisch; es vergehen höchstens 24 Stunden zwischen Anlandung und Verkauf. Dafür hat sich der einzige mit einem Gütesiegel prämierte Familienbetrieb in Schleswig-Holstein zwei teure Schälmaschinen angeschafft: eine für kleine, die andere für große Krabben. Die hartschaligen Meerestiere mit den langen Fühlern werden zunächst in einen Trichter gefüllt, dann gerüttelt, geschnitten und gewaschen; die Schalen landen in einer Tonne, das Fleisch fällt in eine Schüssel. Fünf bis sieben Kilogramm Krabbenfleisch können pro Schicht mit der Maschine geschält werden. »Allerdings müssen drei bis fünf Prozent der Krabben nachgepult werden«, erklärt Alfred Urthel junior, der in zweiter Generation den Betrieb führt. Das Nachpulen erledigt Karin zusammen mit einer Kollegin, halbtags von halb acht bis halb eins.

Karin hat vier Kinder und ist inzwischen geschieden. Sie kann jetzt wieder außer Haus arbeiten – die beiden Ältesten verdienen ihr Geld als Bäcker und auf dem Bau, eine Tochter steht auf der langen Warteliste der Arbeitsuchenden beim Arbeitsamt, nur das Nesthäkchen, die 13 Jahre alte Stefanie, geht noch zur Schule. »Nein, Krabbenpulen ist nicht ihre Sache«, meint die fingerfertige Mutter, »meine Kinder schaffen höchstens einen Teller.«

Als Karin Kolster 2002 bei Urthel anfing, warnte man sie: »Dir wird garantiert schwindelig werden«, und tatsächlich bekam sie anfangs Schmerzen im Genick, denn beim Pulen muss sie ständig auf das Band herunterschauen. Inzwischen hat Karin

Die Schalenreste werden auf dem Laufband aussortiert. Auf einem Tablett: Steinbeißer, Scholle und Heringe.

sich eine Haltung angewöhnt, die weniger unangenehm ist; gegen das Meersalz, das die Fingernägel frisst, ist dagegen nichts zu machen, dabei werden gerade für die Feinarbeit beim Nachpulen lange Fingernägel gebraucht. »Trotzdem, die Arbeit macht mir immer noch Spaß«, sagt Karin fast ein wenig trotzig.

Mit ungeheurer Schnelligkeit sortiert sie, die obligatorische weiße Haube auf dem Kopf, geschickt die verbleibenden Schalenreste auf dem Laufband aus oder pult einzelne Krabben, deren Schalen in einem blauen Licht leuchten, nach. Mal werden dreieinhalb, mal 14 Kisten Krabbenfleisch an einem Vormittag fertig gestellt. »14 sind absolute Spitze, da müssen die Krabben schon besonders groß und fast sauber sein.« Am Ende eines Arbeitstages reinigen Karin und ihre Kollegin noch das Band und den weiß gefliesten Raum.

Dann ist Feierabend! Wenn sie Zeit hat, radelt Karin gern zwischen den Raps- und Kohlfeldern oder macht ausgedehnte Spaziergänge auf dem Deich. Im Sommer lockt das Meer zum Baden und abends wird mit Freunden zusammen Stint gegrillt. »Ein Leben weit weg vom Meer ist mir unvorstellbar«, sagt Karin.

RITA DI LORETO
Leuchtturmwärterin

Dieser Leuchtturm ist kein Weltwunder wie einst der imposante, 130 Meter hohe Turm am Eingang des Nils, der erste Leuchtturm der Antike, errichtet auf einem Riff neben der Insel Pharos vor mehr als zweitausend Jahren. Der Faro di Torre Preposti steht auch nicht mitten im Meer, umpeitscht von Wellenbergen wie der 37 Meter hohe Phare Ar Men im bretonischen Finistère, der auf einem Felsen über die Fluten ragt und an dem in der Vergangenheit so manches Schiff zerschellte. Auch findet hier keine Diebesbande Unterschlupf wie einst in Jules Vernes *Der Leuchtturm am Ende der Welt* an der Südspitze Amerikas.

Der Faro di Torre Preposti ist nicht legendär, er ist weder eine technische Meisterleistung noch ein Ort, der durch seine Schauergeschichten die Fantasie der Menschen anregt. 62 Meter ragt der auf einem Felsen stehende weiße Turm über den Meeresspiegel der Adria – und der eigentliche *faro* wirkt mit seinen knapp fünf Metern Höhe unter blauem Himmel sogar recht bescheiden. Das weiß strahlende

»Es gibt Augenblicke, in denen ich Lust verspüre, auf dem Wasser zu laufen. Dann ist mir, als ob mich das Meer ruft.«

Leuchtfeuer sendet alle fünf Sekunden sein Licht aufs Meer hinaus und reicht 15 Seemeilen weit.

Seit Anfang des 20. Jahrhunderts dient der Faro, der im Gebiet des Monte Gargano, dem »Sporn« Italiens, steht, den Seeleuten als Orientierungshilfe. Der *torre* (Turm), der ihm als Sockel dient, stammt aus dem 16. Jahrhundert, aus der Zeit der Bourbonen. 1954 wurde auf einer Steinplattform mit weiß-silbernem Anstrich neben dem Turm ein Haus für den Leuchtturmwärter errichtet.

Der Faro di Torre Preposti gehört zu den wenigen Leuchttürmen Europas, die noch nicht vollständig automatisiert sind und vom Festland aus ferngesteuert werden. Und: Er wird allein von einer Frau bedient. Rita di Loreto ist die einzige und wahrscheinlich letzte Leuchtturmwärterin des alten Kontinents.

Die 1940 geborene Italienerin stammt aus Avezzano, einem Städtchen in den gebirgigen Abruzzen, hundert Kilometer entfernt vom Meer. Nach dem Tod ihrer

Die Hüterin des Lichts winkt einem vorbeifahrenden Schiff. Zur täglichen Routine gehört das Reinigen der Prismen des Leuchtfeuers.

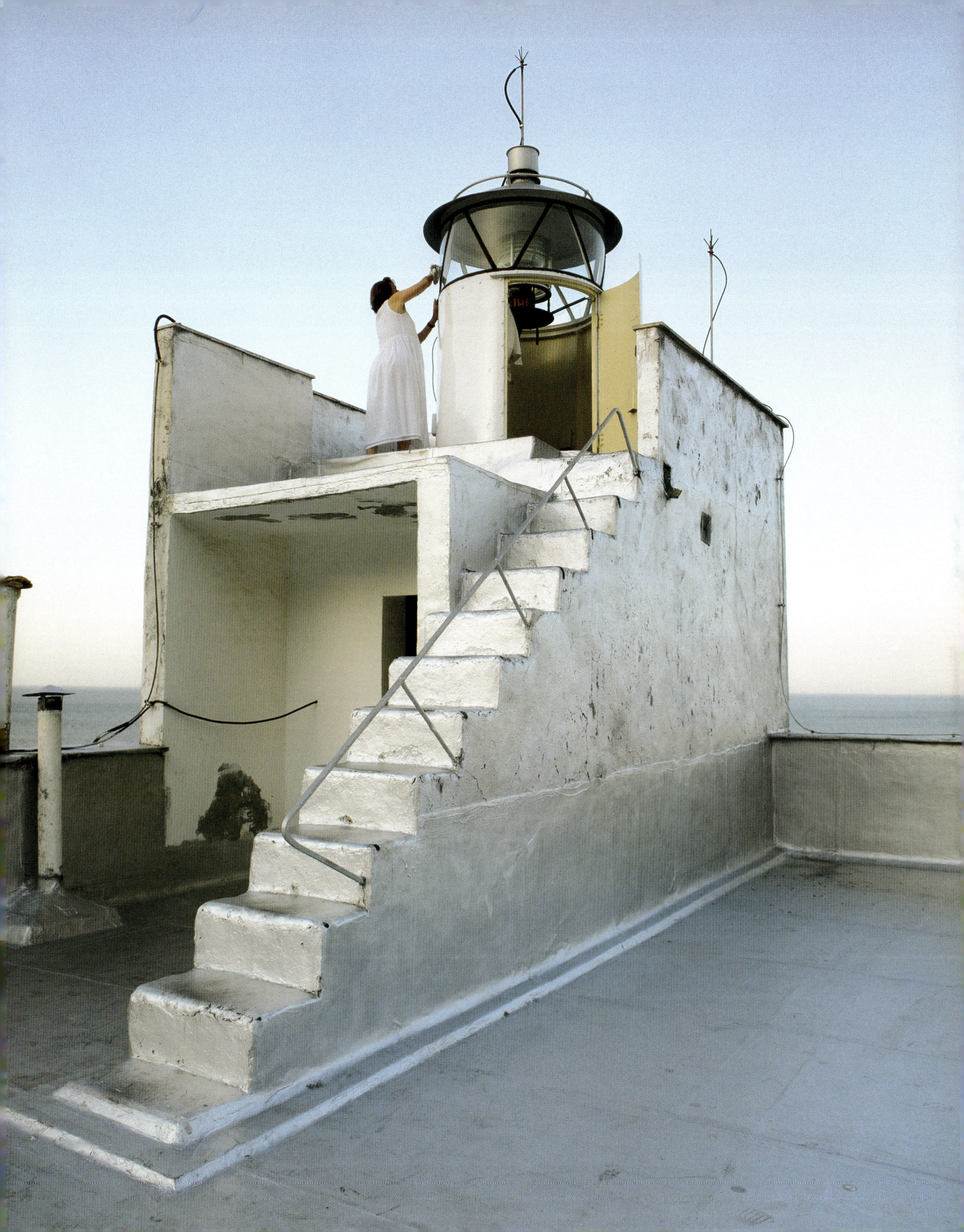

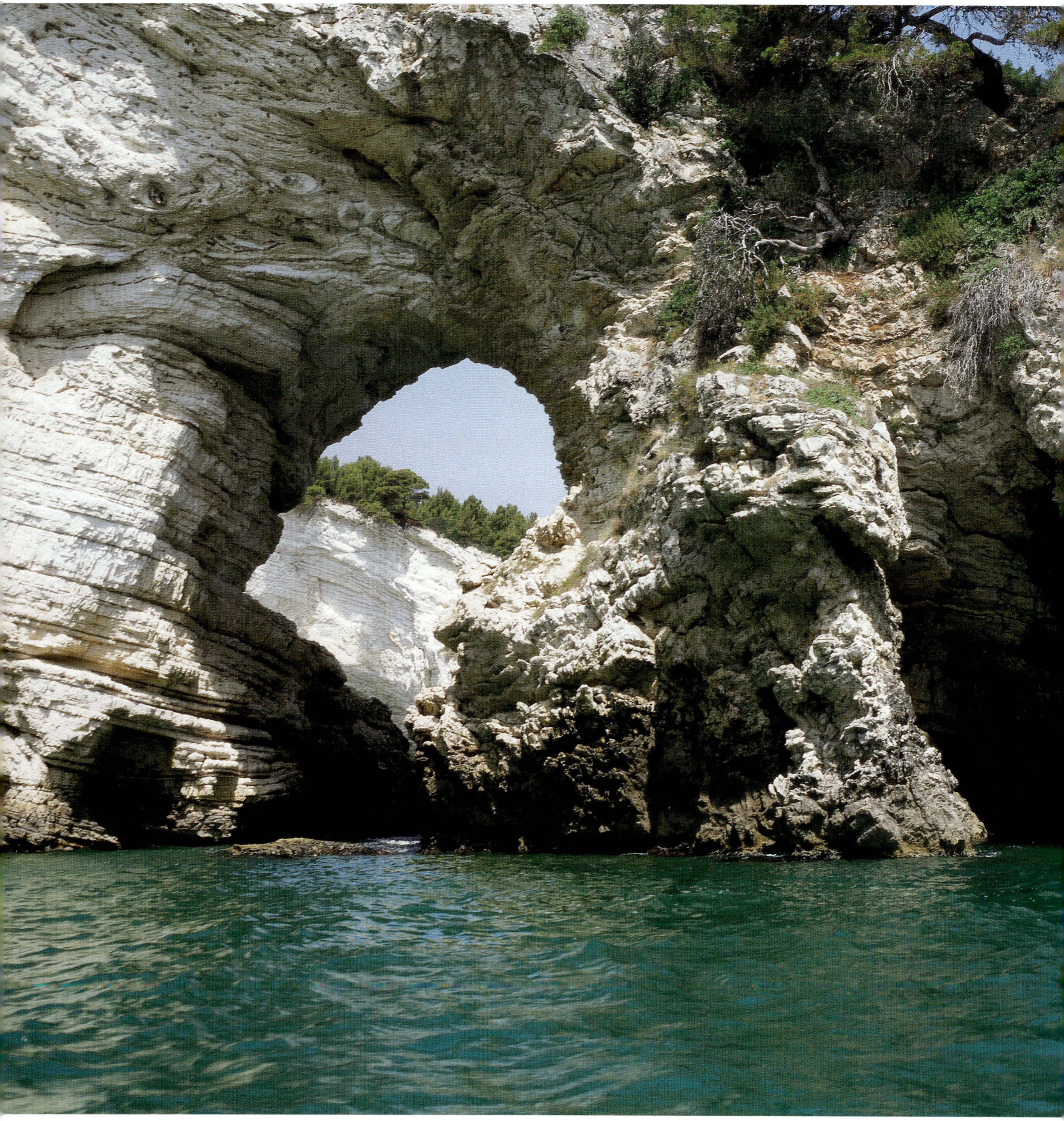

Mutter, die während eines Bombardements 1944 umkam, verbrachte Rita ihre Kindheit in einem Internat in Mailand. »Dass ich trotzdem so früh vom Wasser fasziniert war, hängt sicherlich mit dem Bergsee Fucino zusammen, den es in der Antike in den Abruzzen gegeben haben soll«, scherzt Rita, »den habe ich wohl die ganze Zeit in meinem Herzen mit mir getragen.«

Nach der Schulzeit arbeitete sie zunächst in einer Mailänder Werbeagentur, verliebte sich dann heftig in den Insulaner Domenico Fentini und ließ für ihn alles stehen und liegen. Sie zog zu ihm auf die Tremiti-Inseln, Italiens »Tropen-Inseln«, die, vom smaragdgrünen Wasser der Adria umspült, nördlich von Gargano liegen. Von 1966 bis 1979 führte Rita eine Pension, während ihr Mann Motorboottouren für Touristen organisierte. Doch die Ehe zerbrach, die kleine Idylle am Meer mit Mann und Tochter zerfiel, Rita musste ihr Leben neu ordnen und sah sich nach einer anderen Tätigkeit um.

1976 wurde sie Zivilangestellte bei der italienischen Marine in Neapel, 1977 nahm sie an einer öffentlichen Ausschreibung für die Stelle eines Leuchtturmwärters teil. »Nach dem Auswahlverfahren absolvierte ich einen viermonatigen Kurs, um Grundlegendes wie Navigation und Leuchtturmtechnik zu erlernen«, erzählt Rita. 1979 wurde sie dann Leuchtturmwärterin im Dienst der Marine, zunächst in Monfalcone bei Triest, dann in Manfredonia im südlichen Gargano. Seit 1983 arbeitet sie auf dem Torre Preposti, dem am weitesten östlich gelegenen Leuchtturm Italiens. »*La Fortuna* – das Glück – hat mir zugelächelt«, strahlt Rita noch heute, wenn sie davon erzählt.

Seitdem lebt die Leuchtturmwärterin allein inmitten der Macchia, in dieser wild bewachsenen, nach Kräutern duftenden Ecke Italiens, umgeben von zirpenden Zikaden – und auf militärischem Sperrgebiet. Von der Luxusanlage des nicht einmal hundert Meter entfernten Hotel del Faro ist sie durch einen Stacheldrahtzaun getrennt. Sie hat sich hier ihr eigenes kleines Paradies aufgebaut, abgeschottet vom Trubel des Touristenalltags und konzentriert auf die Arbeit. »Ich habe dem unfreundlichen Felsen einen Frauentouch gegeben«, sagt Rita. Mit ihren sechs Katzen, zwei Hunden, den weißen Kanarienvögeln und Hühnern, den Rosen, Kakteen und den wilden Kräutern fühlt sich die *farista* heimisch.

Kein Wunder, dass der Commandante Bellisario Achille, der als Marineoffizier für den Küstenabschnitt bis Tarent zuständig ist, sie gern besucht. Für ihn ist sie »der sympathischste Leuchtturmwärter ganz Italiens«. Und natürlich kocht die Signora gut! Gern verwöhnt sie ihre Gäste mit Delikatessen wie selbst eingelegten Auberginen, verfeinert mit Sardellen und Kapern und kombiniert mit Insalata Capricciosa und Karpfen. Zum Abschluss gibt es einen selbst gemachten Zitronenlikör – ein Gedicht für den Gaumen.

Das Bedürfnis, ins 15 Kilometer entfernte Fischerdorf Vieste mit seinen traumhaften Sand- und Kieselbuchten zu fahren, zu den weißen Alabasterklippen und den bizarren Grotten, hat Rita nicht. Sie liebt die Einsamkeit – und doch befällt sie manchmal Schwermut angesichts der Unendlichkeit des Meeres und der rauen, stürmischen Winter. »Aber mein Beruf verlangt Ausgeglichenheit«, erklärt die Leuchtturmwärterin mit den grau melierten Haaren, die schon Schlimmes erlebt hat. So 1988, als bei einem großen Brand der ganze Hügel am Pugnochiuso, der Bucht, die die Form einer geballten Faust hat, brannte. »Ich sprang in Todesangst ins Wasser, mein Hund folgte mir, und ein Fischer rettete uns.« 2002 dann ein weiterer Schicksalsschlag: »Der Tod stand wieder an der Tür.« Bei Rita wurde Darmkrebs diagnostiziert und sie musste sich einer schweren Operation unterziehen. »Seitdem habe ich einen anderen Blick auf das Leben bekommen und versuche, den Augenblick zu genießen.«

Rita ist verantwortlich für die Instandhaltung des Leuchtturms, des Hauses und des Weges zum Haus. Die Gasflasche, die in den zwanziger Jahren des vorigen Jahrhunderts das Petroleum ersetzte, muss nicht mehr wie früher hinaufgetragen werden. Jetzt geht es leichter: Der Treibstofftank des Leuchtturms wird ein- bis zweimal im Jahr aufgefüllt, das Signallicht bei Dämmerung automatisch an- und bei Sonnenaufgang ausgeschaltet.

Trotzdem hat die »Hüterin des Lichts« feste Arbeitszeiten: Von 8.00 bis 13.00 Uhr erledigt sie Büroarbeiten, beobachtet das Wetter und schickt regelmäßig ihre Berichte ans Ufficio tecnico di fari in La Spezia am Golf von Genua. Sie reinigt die Prismen des Leuchtfeuers, die aus Kristall gefertigt sind und einen Durchmesser von vierzig Zentimetern haben, und sie überprüft mehrmals wöchentlich die Linse. Abends nimmt Rita das weiße Tuch vor den Fenstern ab, das Linse und Prisma vor der heißen Sonne schützt. Wenn etwas Größeres zu reparieren ist, informiert sie den für den

Nachdenklich sitzt Rita auf der Treppe des weißen Leuchtturms über der silbrigen Terrasse. Denkt sie an ihren baldigen Abschied?

Für einen Augenblick gönnt Rita sich eine kleine Träumerei auf den Felsen unten am Meer.

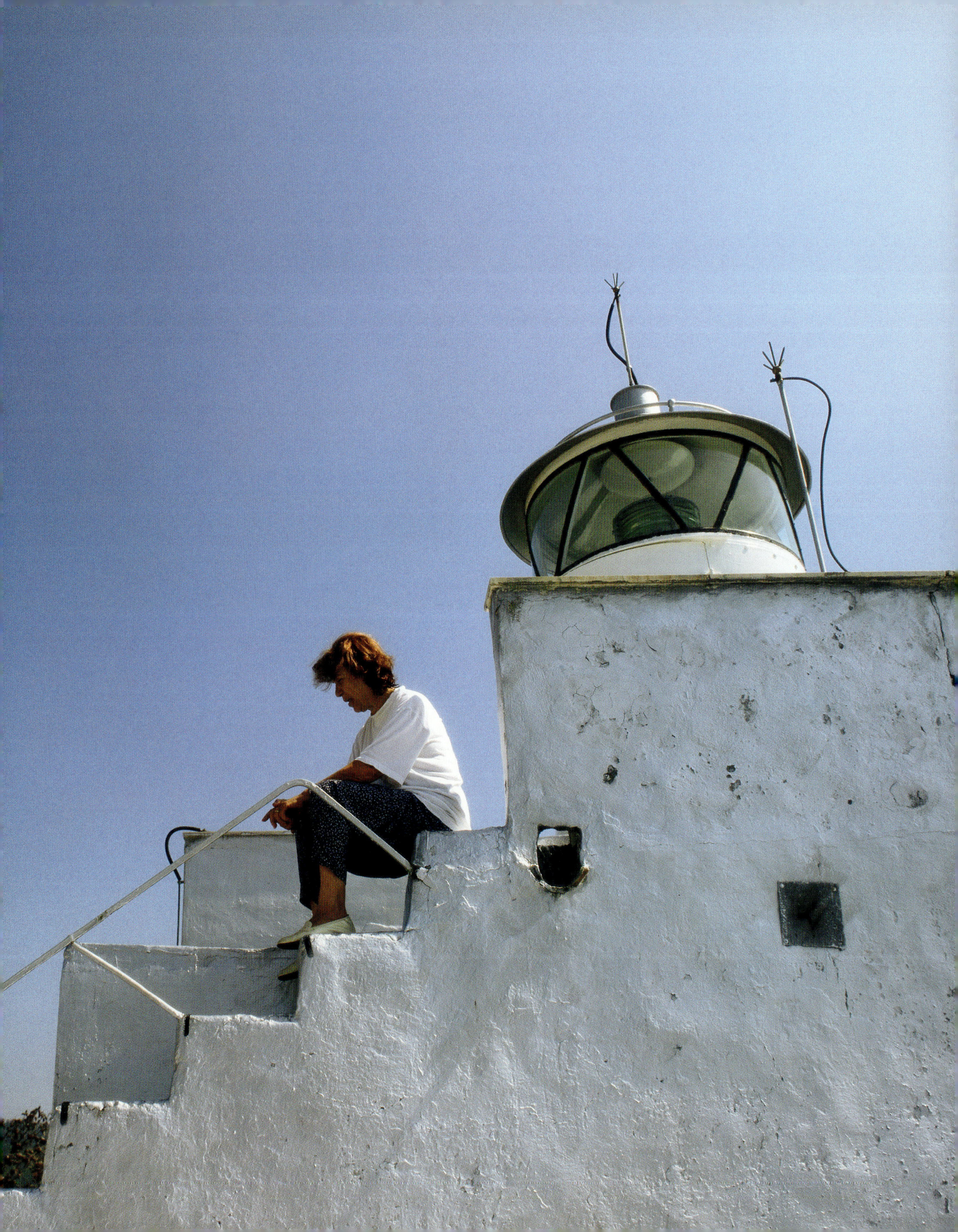

Küstenabschnitt zuständigen Kommandanten Bellisario Achille. Kleinere Handgriffe wie eine Birne im Leuchtturm auszuwechseln, die durchgebrannt war, erledigt sie dagegen selbst.

Nach zwanzig Jahren Dienst auf ihrem geliebten Faro geht Rita im Herbst 2003 in Pension. Der Abschied vom Meer fällt der agilen, freiheitsliebenden Italienerin schwer. Hier am Monte Gargano hat sie viel erlebt: Freud und Leid, heftige Stürme und dichten, seefeuchten Nebel, aber auch Sonne und eine tiefblaue, spiegelglatte See. Rita kehrt zurück in die Abruzzen und wird sich dort sicherlich manches Mal wehmütig erinnern: an die wunderbaren Stunden in der roten Abenddämmerung, wenn sie ihre Gedanken ungehindert ins Unendliche schweifen lassen konnte, oder wenn sie bei Vollmond auf den Treppen am Wasser saß und auf die grenzenlose See schaute. Und dann die seltenen Augenblicke, in denen sie geradezu Lust verspürte, auf dem Wasser zu laufen. »*Mamma mia!*«, sagt die *farista* mit den grauen, unergründlichen Augen. »Dann war mir, als ob mich das Meer riefe.« Sie lacht über sich selbst: »Ich bin zu romantisch.«

RITA DI LORETO | *51*

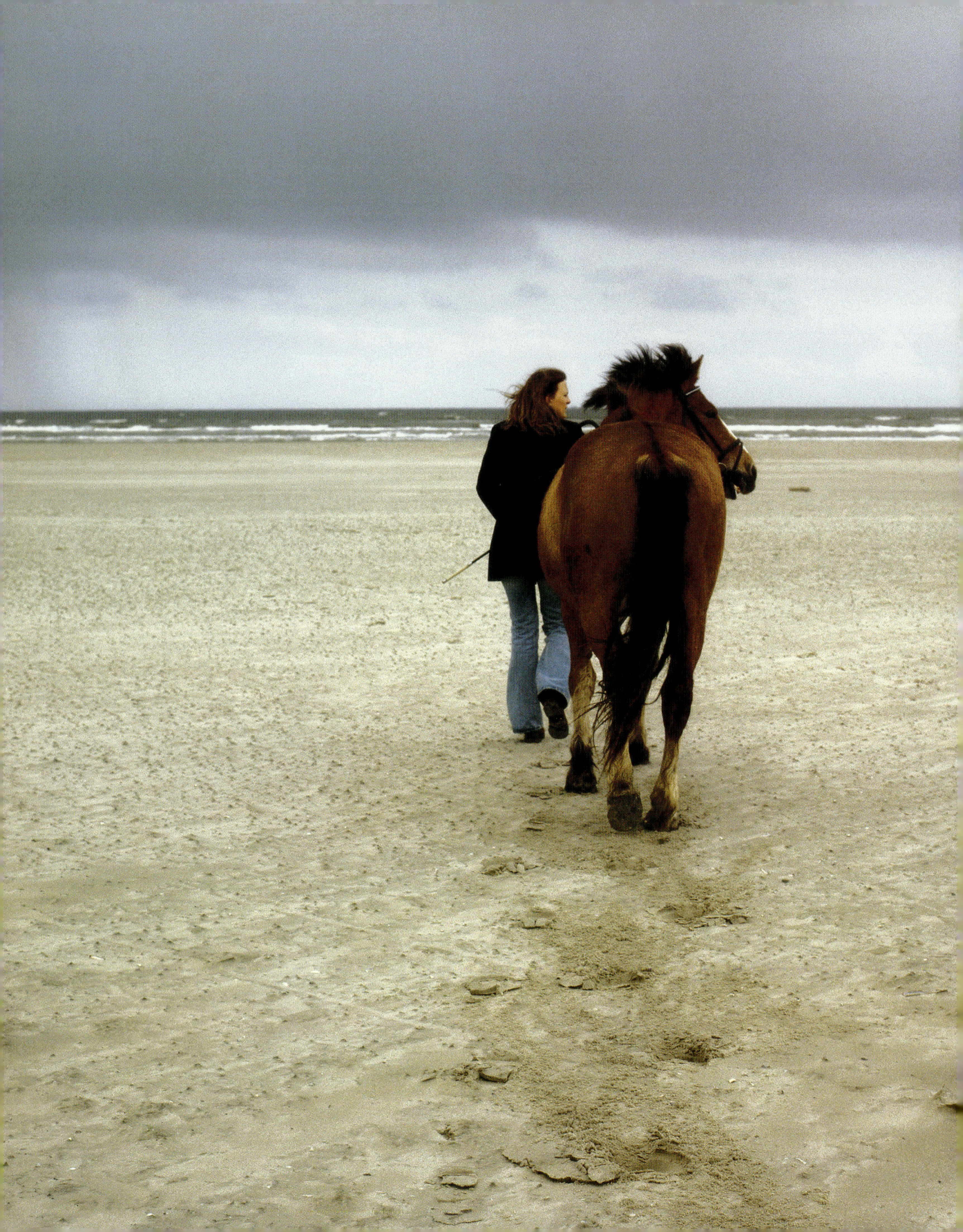

ANETTE MORITZ
Physiotherapeutin

Sanft und mit langsamen Bewegungen massiert sie die grüne, flüssige Paste in die Haut des nackten Körpers. Die junge Physiotherapeutin behandelt eine auf dem Wasserbett liegende Patientin mit einer Algentherapie, einer Spezialität im Kurhaus Juist. Die *laminaria digitata* (Fingertang) – eine lange, bis zu dreißig Zentimeter breite Braunalge mit besonders hohem Jodgehalt, die im abgestorbenen Zustand frühlingsgrün wird – entschlackt, strafft, wirkt mineralisierend und entspannend. Im Nebenraum wird das Rückgrat der Patientin mit warmen schwarzen und weißen Steinen bearbeitet. Und in der »Dampfgrottenzeremonie« wird bei Dampf und Musik geschwitzt.

Anette Moritz ist die Leiterin des im Historischen Kurhaus untergebrachten Thalassotherapiezentrums; von diesen Zentren gibt es in Deutschland nur drei, die beiden anderen befinden sich in Cuxhaven und Warnemünde. Zur Thalassotherapie gehören neben der Algenbehandlung auch Wassergymnastik im erwärmten Meer-

»Das Wechselspiel der Wellen und die Kraft des Meeres, die zur Bescheidenheit zwingt, faszinieren mich.«

wasserschwimmbecken, Massagebäder, die Inhalation von Meeresaerosolen und eine Schlickbehandlung. »Das alles ist nicht mit dem Modebegriff Wellness gleichzusetzen«, sagt Anette Moritz, »die Thalassotherapie hat eine lange Tradition.«

Der Begriff, von dem französischen Arzt Joseph de la Bonnardière 1867 eingeführt, leitet sich ab von Griechisch *thalassa* (Meer) und *therapeia* (Behandlung). Schon der griechische Arzt Hippokrates empfahl Behandlungen mit Meerwasser gegen Rheuma und Ischiasleiden. Und im Jahr 414 v. Chr. schrieb Euripides: »Das Meer wäscht alles Übel ab.« Im 18. Jahrhundert wurde die heilsame Wirkung des Wassers und des Meeres wiederentdeckt – der Londoner Arzt Richard Russell behandelte beispielsweise seine Patienten erfolgreich mit Meerwasserbädern. Die ersten Seeheilbäder entstanden, zunächst in England, dann in Frankreich und in Deutschland. 1849 experimentierte der Pfarrer Sebastian Kneipp erstmals mit der so genannten Wasserkur. Man begann die Heilkraft des Meeres therapeutisch zu nutzen, unter anderem in den ersten reinen Thalassotherapiezentren am französischen Atlantik und seit Ende der 1990er Jahre auch in Deutschland. Im Strandhotel Historisches Kurhaus Juist, das 1997 im Bäderstil der Jahrhundertwende wieder eröffnet wurde, wurde drei Jahre später das Thalassotherapiezentrum eingeweiht.

Während der »Dampfgrottenzeremonie« wird bei Dampf und Musik geschwitzt. Vom Thalassotherapiezentrum im Historischen Kurhaus sind es nur ein paar Schritte bis zum Meer.

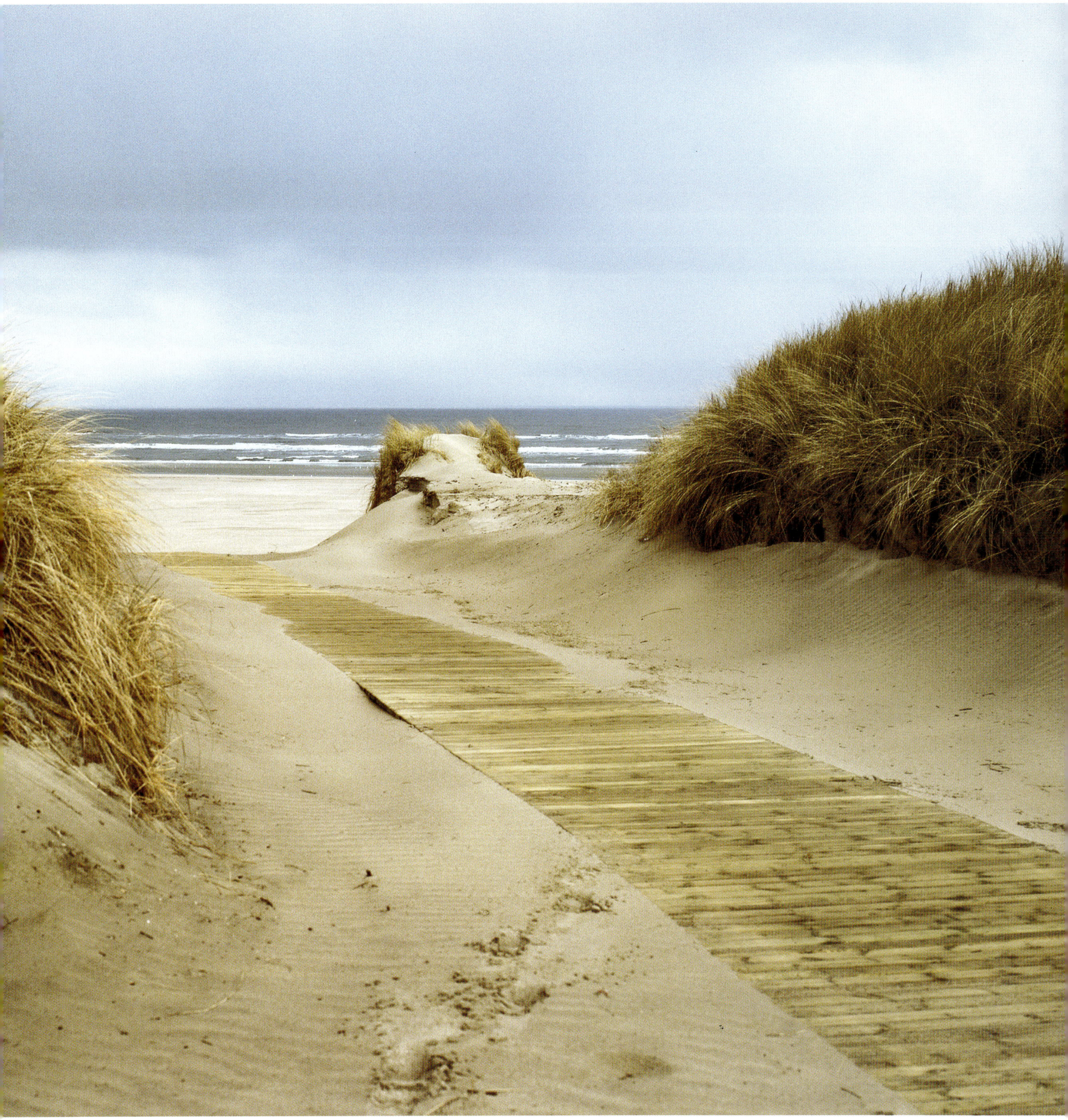

Auf nach Juist! Wer möchte jetzt nicht am liebsten selbst an Bord der Fähre sein in Richtung Nordseeinsel?

Die Sehnsucht nach dem Wasser war es, die Anette Moritz zur Thalassotherapie führte. Schon als Kind ist das Meerwasser ihr Element, denn Anette wächst in Emden und auf der ostfriesischen Insel Borkum auf – diese ersten Stationen in ihrem Leben prägen sie. Außerdem macht die Familie während der Sommerferien immer Urlaub am Meer, egal ob in Spanien, Frankreich oder Italien. Später entdeckt Anette das Surfen: »Das Wechselspiel der Wellen und die Kraft des Meeres, die zur Bescheidenheit zwingt, faszinieren mich.«

Früh steht ihr Berufswunsch fest: Sie will Menschen therapeutisch behandeln. Nach einer Ausbildung zur Physiotherapeutin in Bad Pyrmont – Kneipp'sche Güsse gehören selbstverständlich dazu – macht sie Weiterbildungen im psychosomatischen und kosmetischen Bereich und arbeitet anschließend in ihrer eigenen Praxis in Paderborn. Dann verliebt sie sich in den Juister Physiotherapeuten Till, der bei ihr arbeitet. Die kleine, nur 17 Kilometer lange und an manchen Stellen nur fünfzig Meter breite Sandinsel gefällt ihr. Trotzdem hat Anette Bedenken, Juist als »die Freundin von Till« zu erleben. Sie nutzt eine sechsmonatige Abwesenheit Tills, der vor Hawaii surft, um das Nordseeeiland auf eigene Faust zu erforschen. »Danach stand für mich fest: Ja, Juist ist auch meine Insel!«

Die beiden heiraten, bekommen eine Tochter und schmieden gemeinsam Pläne. In den folgenden beiden Jahren besuchen sie eine Reihe von Thalassozentren am Mittelmeer und am Atlantik; besonders beeindruckend finden sie Quiberon, das an der zerklüfteten Felsenküste der südlichen Bretagne liegt und dessen Thalassotherapiezentrum als das modernste seiner Art in Frankreich gilt.

In Frankreich mit seinen mehr als fünfzig Zentren ist die Thalassotherapie ein geschützter Begriff, die damit verbundenen Standards gelten als vorbildlich – auch für Anette Moritz. Zu diesen Standards gehört, dass das verwendete Meerwasser nicht älter als ein Tag sein darf, das Zentrum darf nicht weiter als dreihundert Meter vom Meer entfernt liegen und die medizinische Abteilung muss integriert sein. Nach diesen Prinzipien handelt auch Anette, die Produkte wie Algenpackungen und Kosmetika aus dem bretonischen Finistère bezieht. Ihre goldenen Regeln lauten: »Ich hole mir das Meer ins Haus« und »Raus ans Meer«. Das Meerwasser für die Thalassotherapie wird unter der Süßwasserblase aus dem 18 Meter tiefen Brunnengraben nach oben befördert. Die Behandlung in den farbigen, mal hellen, mal dunklen Räumen wird kombiniert mit Strandläufen und Aufenthalten in der Brandungszone.

Ob die Fähre im Abendlicht auf dem Weg zum Festland ist? Auf der Insel zurück bleiben leere Strandkörbe und Fußspuren im feuchten Sand.

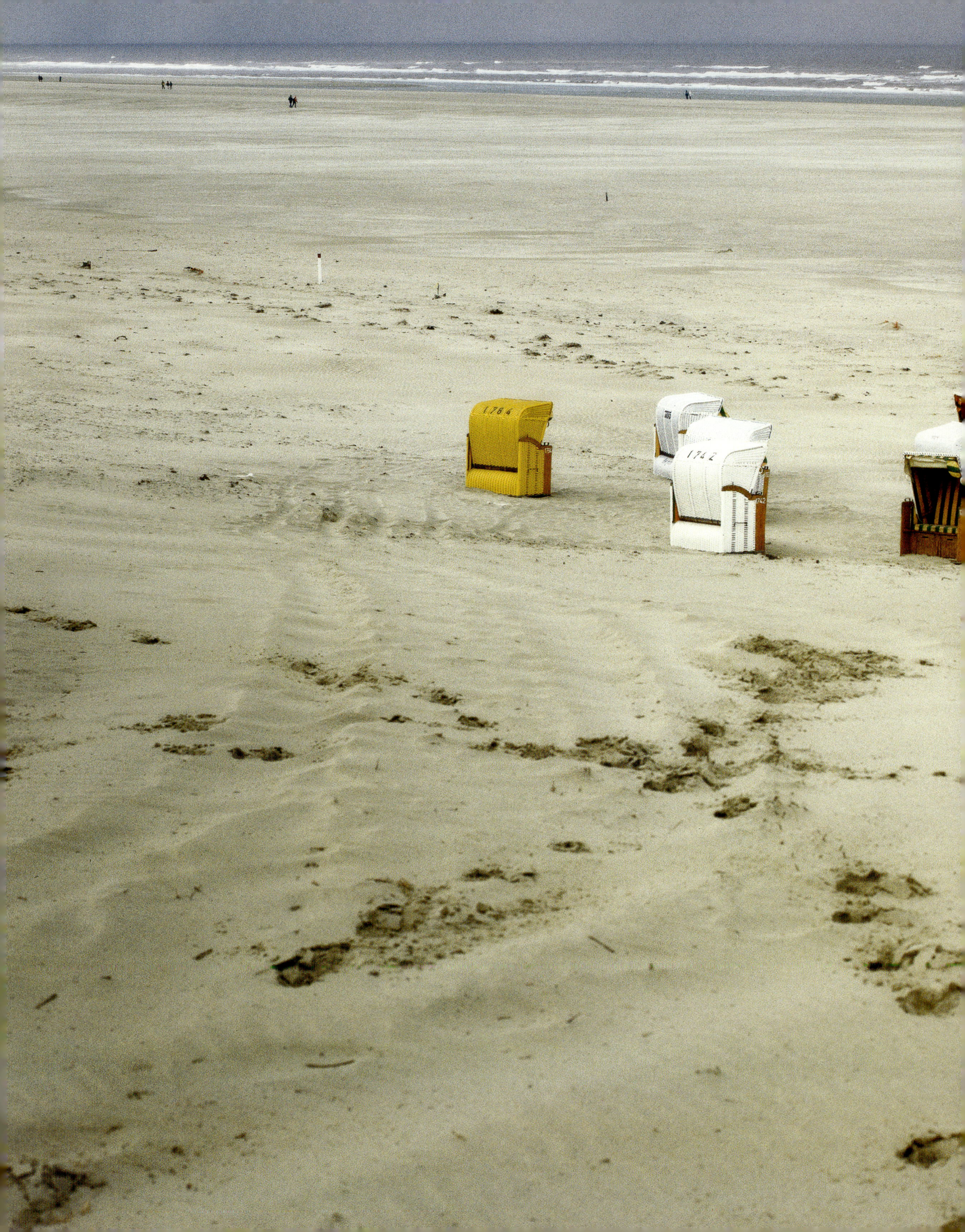
1784
1742

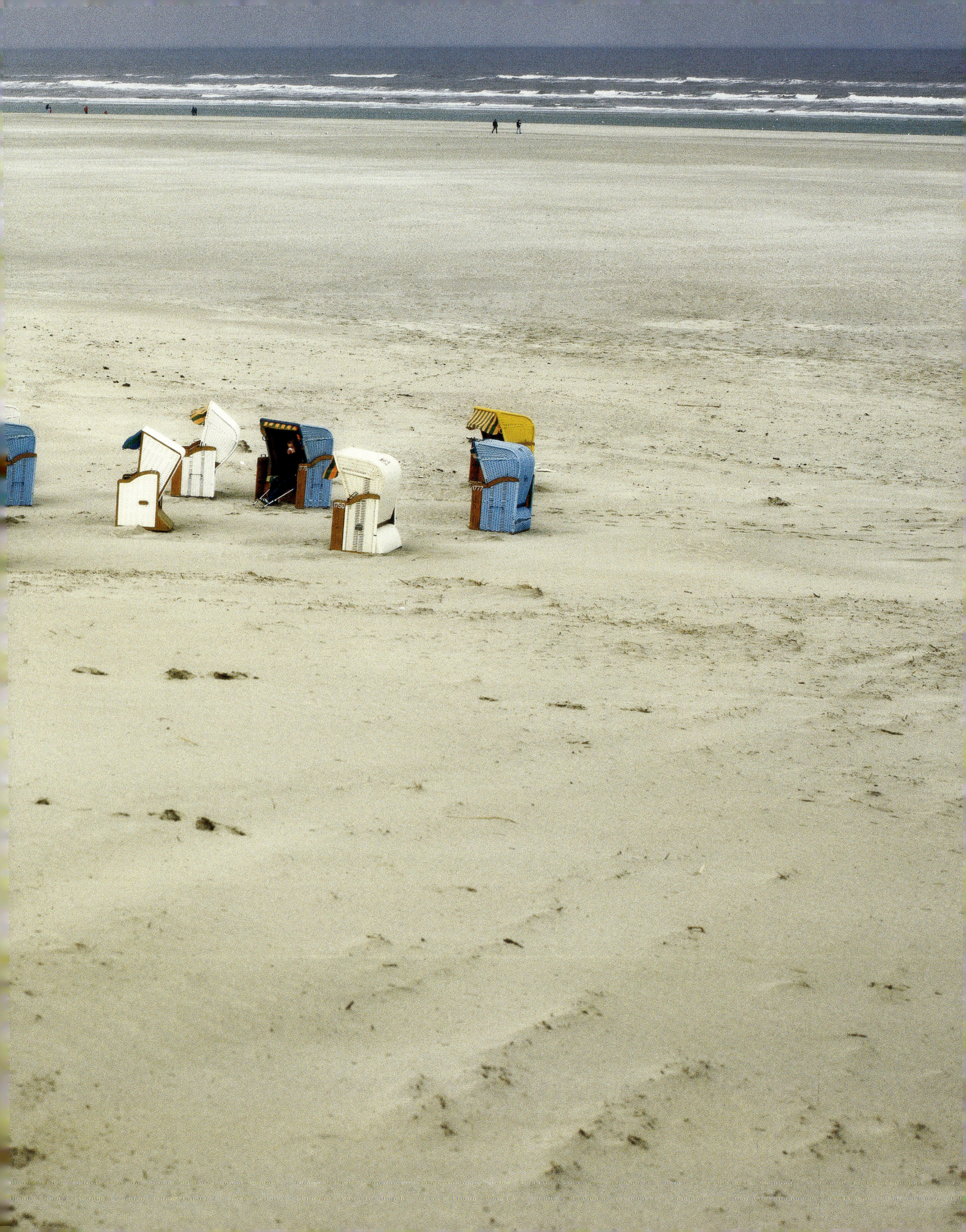

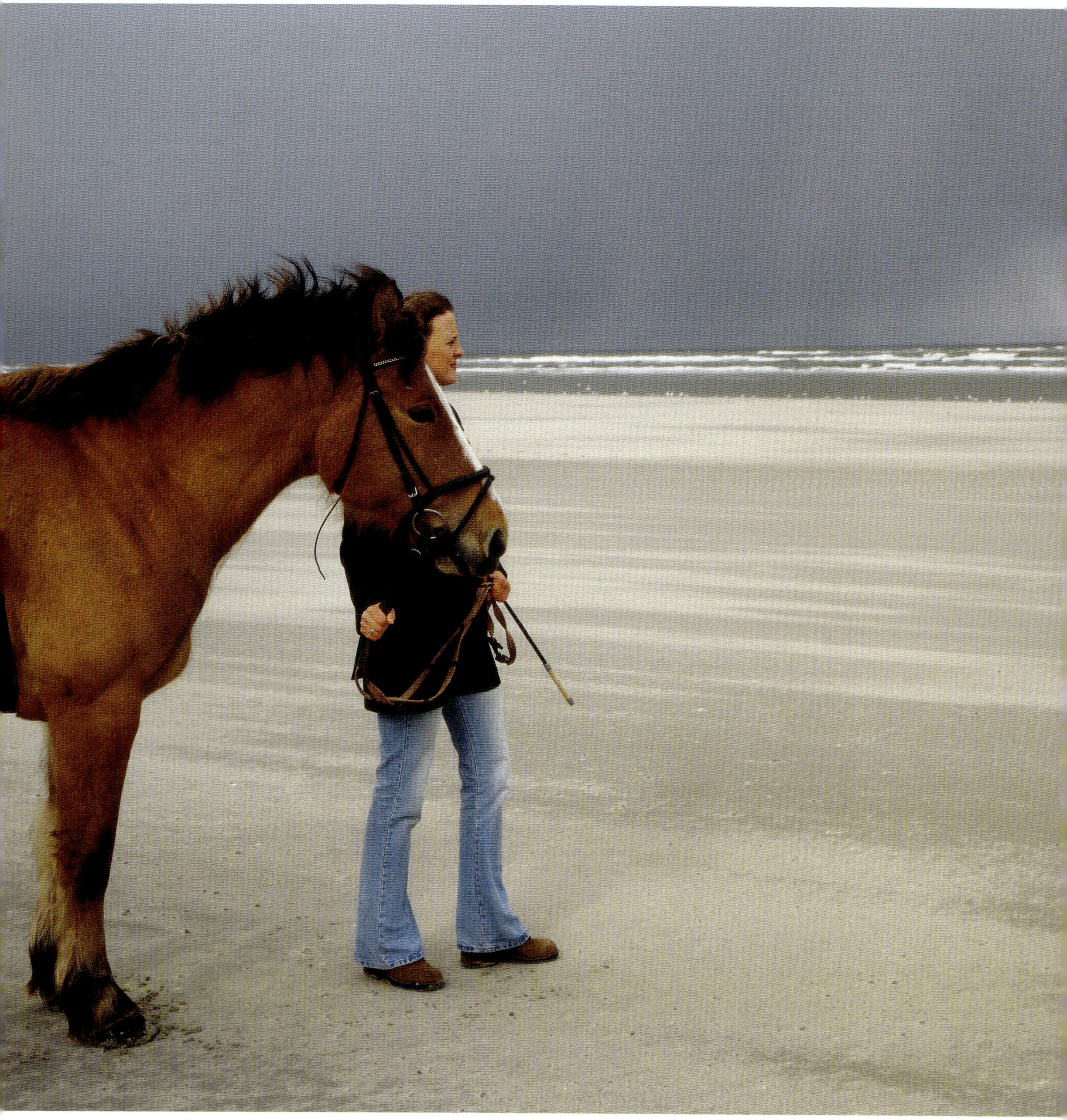

Aqua agil Thalasso s.p.a. (*sanus per acquam*, dt. Gesundheit durch Wasser) nennt sich das Zentrum von Anette und Till Moritz mit dem bretonischen Triskell-Symbol. »Dieses keltische Zeichen mit den drei Spiralen, die Wasser, Luft und Erde repräsentieren, steht für Harmonie und die immer währende Bewegung des Universums«, erklärt Anette.

Juist ist aber auch eine Insel der Pferde. Das brachte Anette Moritz auf die Idee, ihre viereinhalbjährige Freiberger Stute Anuk als Therapiepferd auszubilden. »Noch ein Jahr wird die Arbeit mit Anuk dauern, dann kann ich hyperaktive Kinder und Behinderte mit Hilfe der Hippotherapie behandeln«, erklärt die 1970 Geborene. Behutsam führt sie das hellbraune Schweizer Kaltblut trotz Hagelschauer an den Strand. Anette, die selbst leidenschaftlich gern reitet, zeigt uns bei Ebbe auf feuchtem Sand wie eine Reittherapiestunde aussehen könnte; sie longiert ihre Stute, die Schritt geht, und streichelt sie. Anette macht sich nichts aus dem unwirtlichen Aprilwetter, ihre Liebe zu Juist scheint bedingungslos zu sein und schließt alle Jahreszeiten ein.

Im Frühjahr beginnt die Insel langsam zu atmen, im Sommer zieht die Wärme ein und im Herbst brennt Juist in rötlichen Tönen. Im Winter genießt Anette die Ruhe und die langen Spaziergänge am Strand, die Suche nach Muscheln und Bernstein. Als Erinnerung an Juist schenkt sie uns eine acht Zentimeter lange weiße Wellhornschnecke, die sie im letzten Winter gefunden hat. »Sie ist«, so Anette, »ein Symbol für Harmonie und Bewegung.« Und damit ist sie auch ein Symbol für das, was Anettes Beruf und ihr Inselleben ausmachen.

Anettes Lieblingsbeschäftigung: Spaziergang mit Anuk am Meer auf der Suche nach weißen Wellhornschnecken.

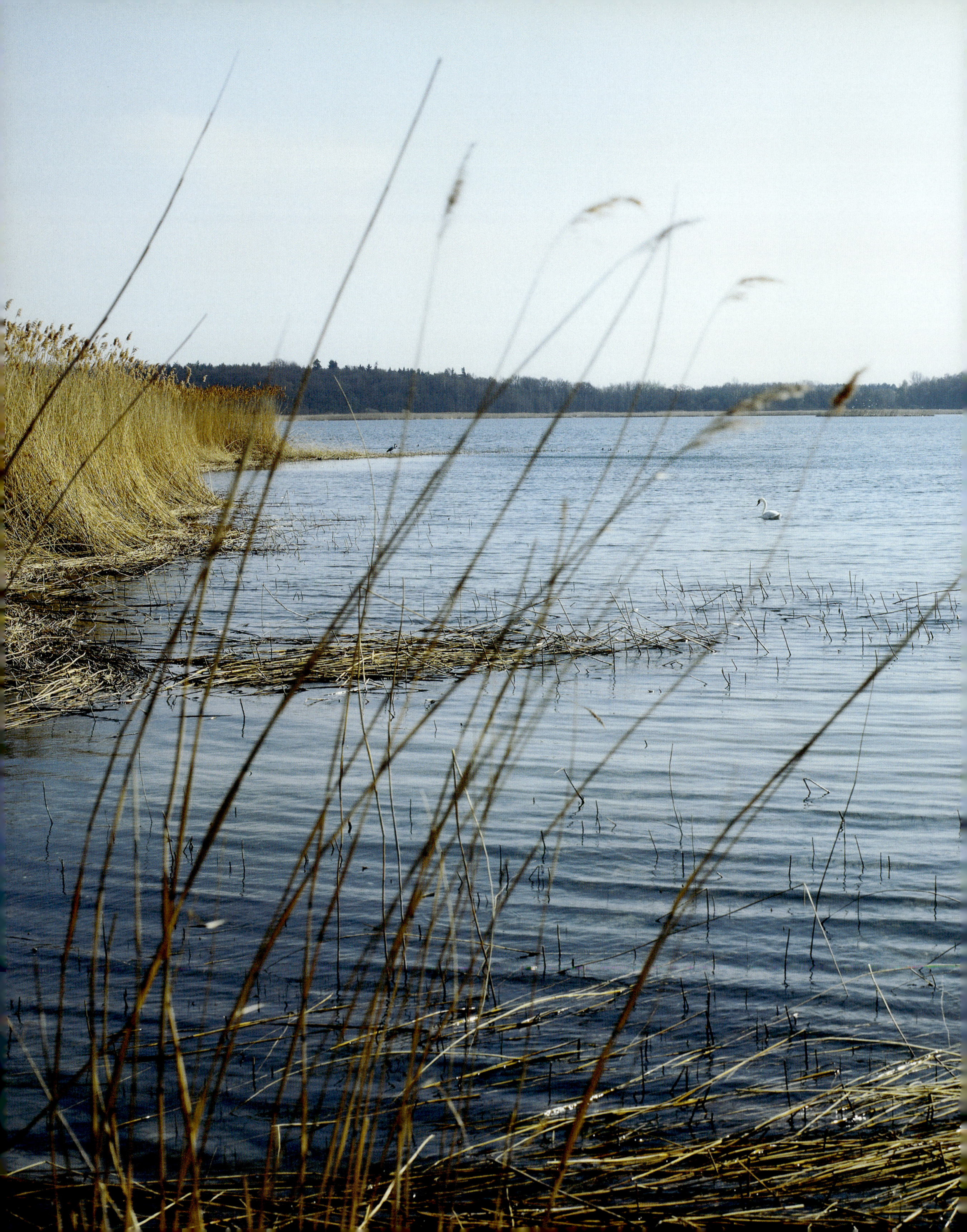

CATHRIN MÜNSTER
Projektleiterin beim WWF

R oter Schnabel, rote Füße, schwarzer Kopf und grauweiße Federn: Die zierlich-agile Flussseeschwalbe ist bei unserem Rendezvous mit von der Partie, und mit dem Spektiv – einem hochpräzisen Fernglas – vom Ufer aus gut zu beobachten. Neben den Lachmöwen und Reiherenten gehört auch sie zu den Seevögeln, die in der Gustower Wiek brüten. Die ruhige, vom Schilf geschützte Bucht im Südwesten der Insel Rügen und das Brackwasser, das wärmer als die Ostsee ist, sorgen für eine vielfältige Tierwelt, zu der Salz- und Süßwasserfische, Reiherenten, Kormorane, Höcker- und Singschwäne sowie die mit putzigen Kopffedern geschmückten Haubentaucher gehören.

Mit Begeisterung zeigt uns Cathrin Münster, Projektleiterin Ostsee bei der deutschen Sektion der internationalen Naturschutzstiftung WWF (World Wide Fund For Nature), ein winziges Stück ihres Reviers – des 748,5 Quadratkilometer umfassenden EU-Vogelschutzgebiets Greifswalder Bodden und Strelasund. Mit seinem

»Ich will Fronten abbauen, ich will Konflikte lösen und Verständnis für den Schutz des Meeres wecken.«

grünen Schilfgürtel und den weitläufigen Seegraswiesen eignet sich das Gebiet besonders als Rast- und Mauserplatz für Zugvögel und ist außerdem ein bedeutendes Laichgebiet für Heringe. Angler tummeln sich hier zu Hunderten, während das Revier gleichzeitig Segler, Ruderer, Kajakfahrer und Surfer anzieht.

Die sportliche Blonde, die heute in der Gustower Wiek auf der Insel Rügen Flussseeschwalben beobachtet, begreift sich als Vermittlerin zwischen den Schützern und den Nutzern der Natur: »Ich bringe Wassersportler, Segler, Surfer und Angler mit Naturschützern an einen Tisch. Ich will die Fronten abbauen, die wegen unterschiedlicher Interessen bestehen, ich will Konflikte lösen und Verständnis für den Schutz des Meeres wecken.«

Aus diesem Grund kooperiert Cathrin Münster, deren Büro im nahen Stralsund liegt, beispielsweise mit dem Yachtclub Strelasund und erarbeitet zusammen mit dem Seglerverband Mecklenburg-Vorpommern eine Revierkarte, in der die bevorzugten Routen und Ankerplätze der Wassersportler sowie die aus der Sicht des Natur-

Cathrin in ihrem Büro. Am liebsten ist sie jedoch mit dem Spektiv unterwegs und genießt die unberührte Natur.

schutzes sensiblen Bereiche eingezeichnet werden. »Unser Team organisiert Naturschutzseminare über Zugvögel, oder Ornithologen beobachten auf Segeltörns zusammen mit Wassersportlern und Anglern die Vogelwelt«, beschreibt Cathrin einige ihrer Aufgaben, bei denen es vor allem auf Organisation und Kommunikation ankommt. Am liebsten ist sie mit dem Spektiv unterwegs, schreitet in ihrer Lieblingsbucht, der Gristower Wiek auf der Halbinsel Fahrenbrink, vorsichtig durch das kniehohe, hier besonders dichte Schilf, beobachtet die Wasser- und Watvögel auf den kleinen gegenüberliegenden Inseln und genießt die unberührte Landschaft und die Stille. Hier fühlt sie sich als Teil der Natur.

»Ich hatte schon immer ein tiefes Fernweh«, sagt die 1965 in Rostock geborene Umweltschützerin, die in dem kleinen, fünf Kilometer von der Ostsee entfernten Großwoltersdorf aufwuchs. Schon früh strebte Cathrin zur See, »so wie der Bach in unserem Dorf«, und als Kind fuhr sie, wann immer sie konnte, an die Ostsee zum

Die geschützte Bucht im Südwesten der Insel Rügen und das Brackwasser sorgen für eine vielfältige Tierwelt.

Baden und Strandlaufen oder sie beobachtete die Schiffe am Horizont. Ihre Liebe galt der Natur im Allgemeinen und dem Meer im Besonderen. Als Zwölfjährige erlebte Cathrin das Sterben aller Fische im Dorfteich, weil die Gülle von der Landwirtschaft hineingeleitet worden war. »Ich war empört und hängte Protestplakate an die Dorfscheune – das war meine erste Naturschutzaktion.«

Drei Jahre später bewarb sie sich als Stewardess bei der DDR-Handelsmarine, sie wollte weg von zu Hause, raus aus der kleinen, zu eng gewordenen Welt. Als aus der Bewerbung nichts wurde, ergriff sie die Gelegenheit, eine landwirtschaftliche Ausbildung mit dem Abitur zu verbinden und besuchte von 1982 bis 1985 eine erweiterte Oberschule in der Nähe von Stralsund.

Die damalige DDR schickte Mediziner, Lehrer und Agraringenieure nach Angola, Mosambik, Äthiopien, Nicaragua oder Kuba. Deshalb beschloss Cathrin, nach dem Abitur in Rostock Agrarwissenschaften zu studieren. »Ich hoffte, meine Diplomarbeit in Afrika oder Lateinamerika schreiben zu können.« Doch alles kam anders als geplant: Sie wurde schwanger, und so konzentrierte sie sich erst einmal auf den Studienabschluss und die Familie. Zwischendurch machte sie noch diverse Fischerei- und Sportbootscheine, nicht nur aus beruflichen Gründen. Denn, so Cathrin: »Wir Naturschützer sind ganz normale Menschen, die sich in der Natur nicht nur vorsichtig bewegen, sondern auch ihren Spaß haben wollen.«

1990, nach der Wende, hatte Cathrin ein interdisziplinäres Umweltschutzstudium und ihr Diplom geschafft. Da es die DDR nicht mehr gab, vertagte sie erneut ihre Auslandspläne und trat dem Bund für Umwelt und Naturschutz (BUND) bei – als zweihunderttausendstes Mitglied. Bald wurde die dynamische Mecklenburgerin in den Landesvorstand des BUND gewählt; von 1993 bis 1994 übernahm sie den Landesvorsitz.

Und dann erfüllte sich endlich auch ihr alter Traum: Mit Mann und Kind ging es für fünfeinhalb Jahre hinaus in die weite Welt. Die erste Station war der Sudan, wo ihr Mann beim Deutschen Entwicklungsdienst (DED) unter Vertrag stand – sechshundert Kilometer Sandwüste trennten Cathrin vom Roten Meer. Im Anschluss folgte ein Aufenthalt in Nicaragua, da war das Meer nur noch eine halbe Stunde vom Wohnort entfernt, und Cathrin betreute im Auftrag des DED einheimische Umweltschutzorganisationen und Selbsthilfegruppen.

»Im Sommer 2000 kehrten wir nach Deutschland zurück, und gleich am vierten Tag nach unserer Ankunft klopfte ich an die Tür des WWF in Stralsund – und hatte Glück.« Cathrin bekam, zunächst auf Probe, eine Stelle in dem seit 1998 bestehen-

Der Marina-Hafen bietet Ankerplätze für die Wassersportler. Auch das Schlauchboot des WWF liegt hier.

CATHRIN MÜNSTER | 67

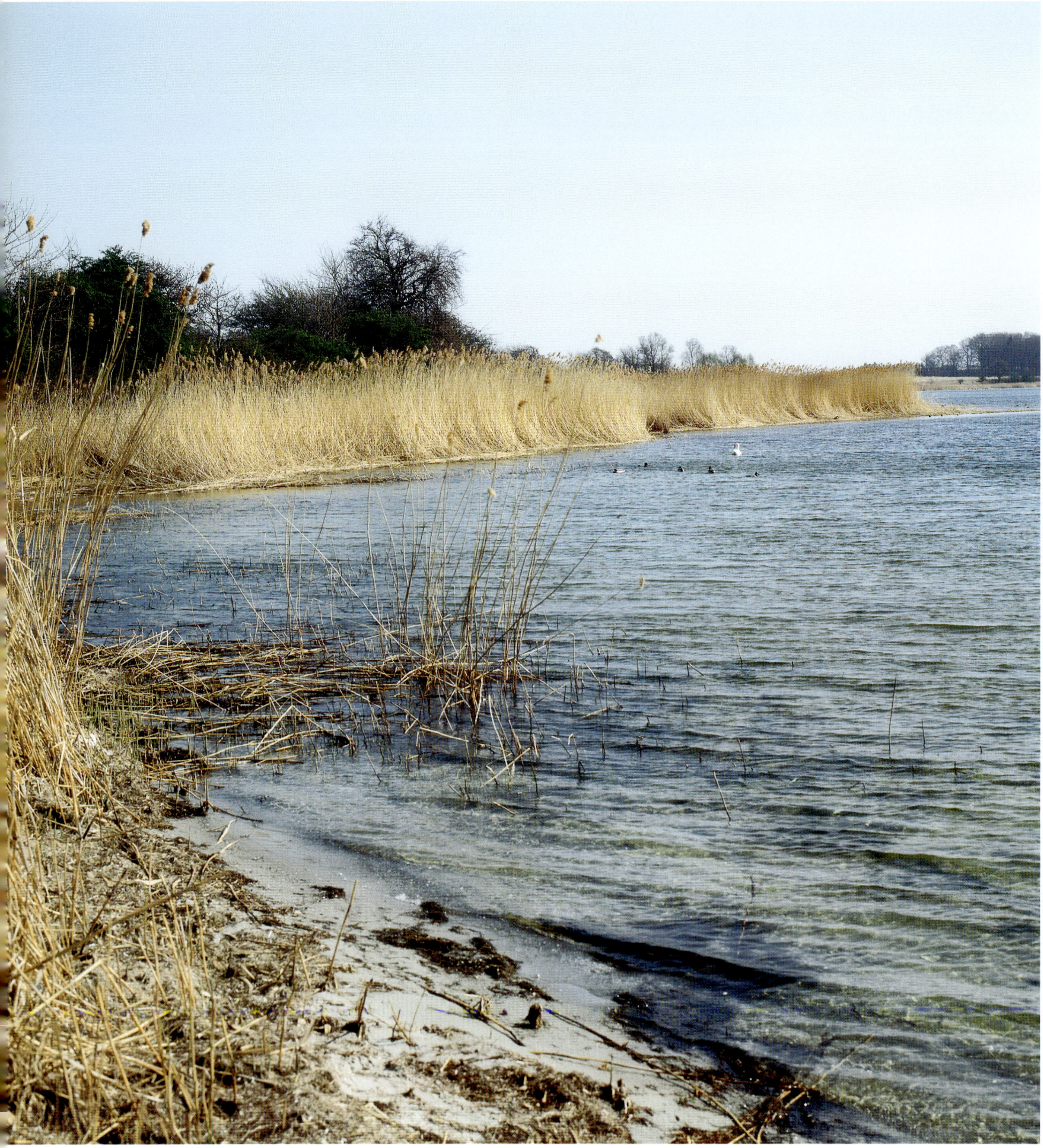

den Projekt »Meeresschutz im Greifswalder Bodden und Strelasund«. Zu Cathrins Aufgaben gehört der Besuch aller Tourismus-Informationsstellen der Region, der Marinas (Sportboothäfen) und der Segelschulen; überall werben sie und ihr Team für das Ziel: »Naturschützer und Naturnutzer setzen gemeinsam ein Meeresschutzgebiet modellhaft um.« Die »Wanderpredigerin« für den Naturschutz versucht, Surfern klar zu machen, dass die Natur kaputtgeht, wenn sie im Flachwasser gleiten, dass aber auch der Naturschutz für sie keine Bedrohung ist. »Wenn die Natur aus dem Gleichgewicht gerät, kommen keine Menschen mehr. Wir wollen, dass Naturschützer und Wassersportler Vereinbarungen auf freiwilliger Basis eingehen.« Zum Beispiel mit Blick auf die Halbinsel Devin, die als »Juwel von Stralsund« bezeichnet wird. In den Herbstmonaten ist Devin nach Einbruch der Dunkelheit ein beliebter Gänserastplatz und soll deshalb in dieser Zeit nicht von Wassersportlern befahren werden.

»Eine solche Vereinbarung wäre ein erster Schritt auf dem Weg zu einem nachhaltigen Schutz des Meeres«, meint Cathrin. Es ist viel unspektakuläre Kleinarbeit, die die Naturschützerin und ihr Team leisten. Aber genau das ist für sie bahnbrechende Arbeit.

Vom Ufer aus und mit dem Fernglas beobachtet Cathrin die Fauna auf der gegenüberliegenden Insel und versucht, die Flussseeschwalbe mit den roten Füßen zu entdecken.

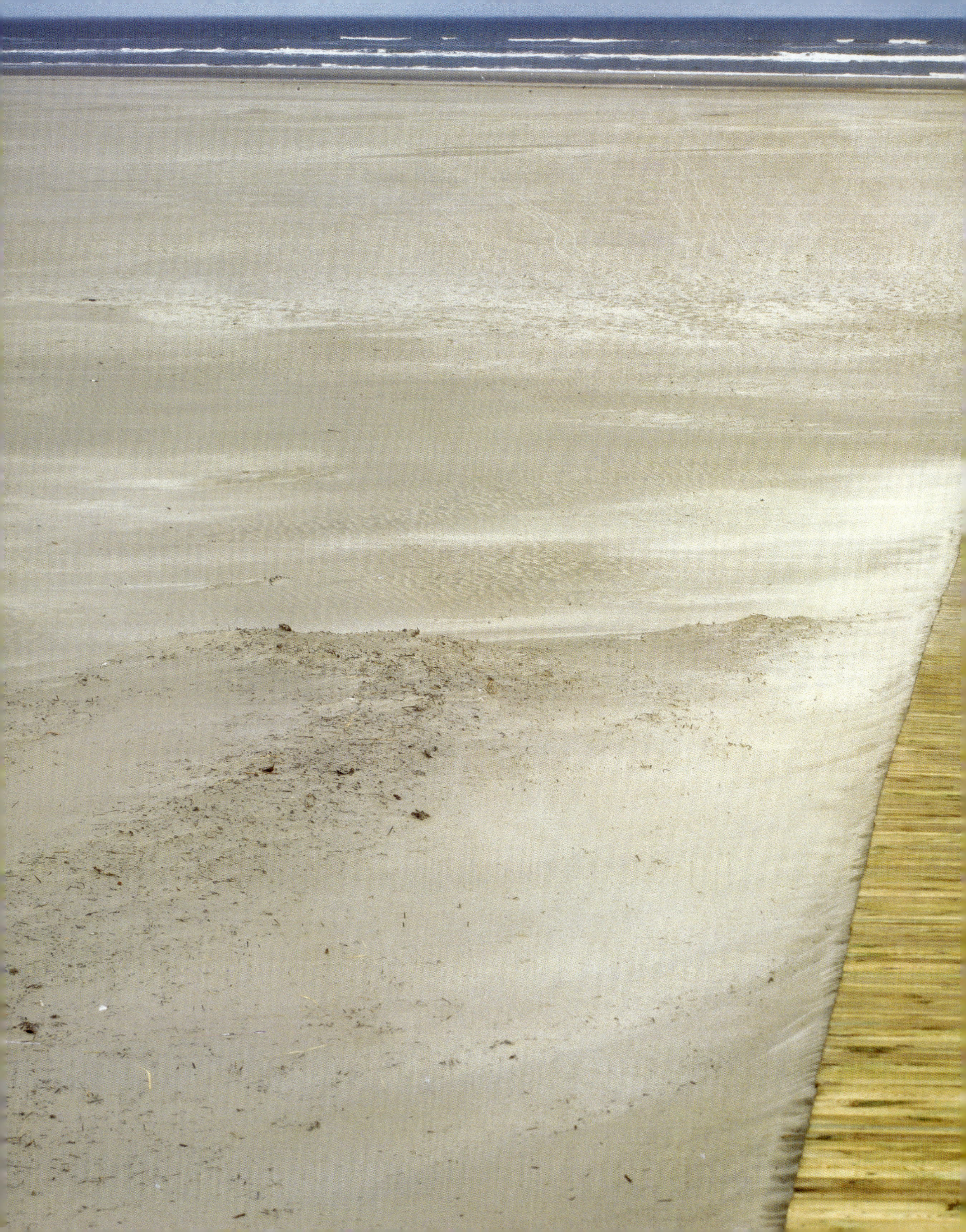

Künstlerinnen des Meeres

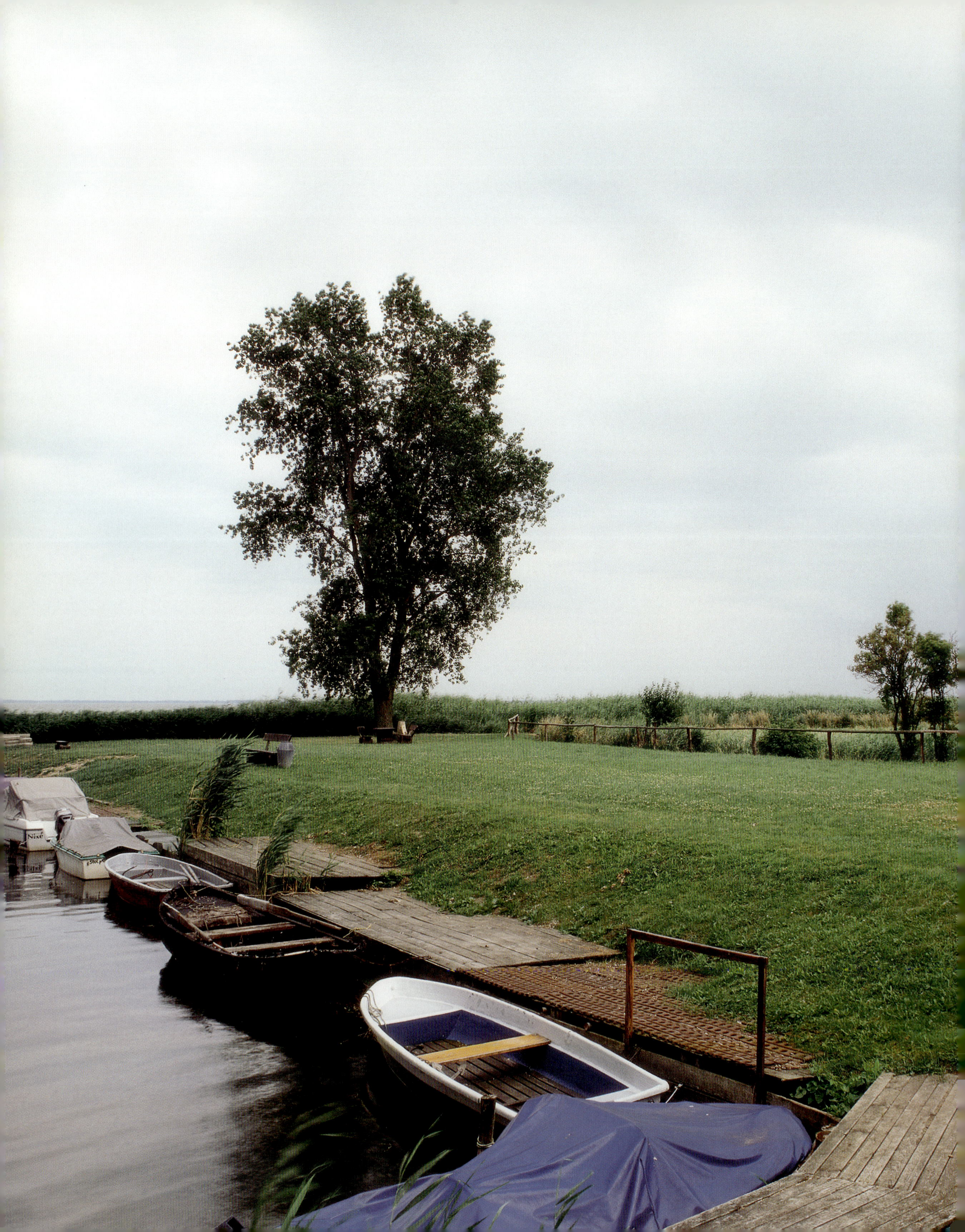

SABINE CURIO
Malerin

»Hier am Wasser habe ich nie Angst«, sagt Sabine Curio mit ruhiger Stimme, und ihr Blick führt in die Weite, hinaus auf die Wiesen bis zum Meer. Sie lebt am Stettiner Haff auf Usedom, am Ende eines Weges, zwischen Feldern, Schilf und Wasser, zwischen Büschen und Bäumen. Stolpe, das nächste Dorf, liegt rund zwei Kilometer entfernt.

Die Malerin wohnt in einem alten, gemütlichen Ziegelhaus, das innen von unzähligen Holzbalken gestützt wird, ein Haus voller Bilder und blumengefüllter Vasen. Der angrenzende Garten wirkt wie ein undurchschaubares Gewirr aus Phlox, Federmohn und Stockrosen und ist mit Holzbank, Tisch und zierlichen Stühlen bestückt. Vierzehn Katzen lassen es sich in dieser Idylle gut gehen. In seiner sattgrünen Fülle erinnert das Anwesen an Claude Monets zauberhaften Garten im französischen Giverny.

SABINE CURIO | 73

»Hier am Wasser habe ich nie Angst. Diese Weite und die Unendlichkeit des Horizonts – das entspricht meinem Wesen.«

Ihre unbedingte Liebe gilt dem Flachen, dem seefeuchten Land mit Meerblick. Als sie Mitte der 1990er Jahre durch Norwegen reiste, empfand sie die Berge eher als bedrohlich, auch wenn sie die Erlebnisse dieser Fahrt in einem Skizzenbuch mit dem eher sehnsüchtig klingenden Titel *Norwegen. Aquarelle einer viel zu kurzen Reise* veröffentlicht hat. Ihre stimmungsvollen Fjordlandschaften in einer blau-grün-lila-farbenen Melange und die impressionistisch anmutenden Berge in grauweiß abgestuften Tönen können nicht darüber hinwegtäuschen, dass aus ihr wohl nie ein Gebirgsmensch werden wird.

Ihre Kindheit hat die 1950 geborene Norddeutsche in Ahlbeck auf Usedom verlebt. Als sie klein war, wollte sie »Naturforscher« werden; mit biologischem Blick beobachtete sie die Blumen und wollte verstehen, was mit ihnen passiert, welchen Wandlungen sie im Lauf der Jahreszeiten unterliegen. Doch dann packte sie die Malerei, die nicht so berechenbar ist wie die Wissenschaft, in der jedes Bild eine Überraschung sein muss, soll es gelingen.

Nur ein paar Schritte trennen das Ziegelhaus und den wilden Garten vom Meer ... und von Sabine Curios Boot.

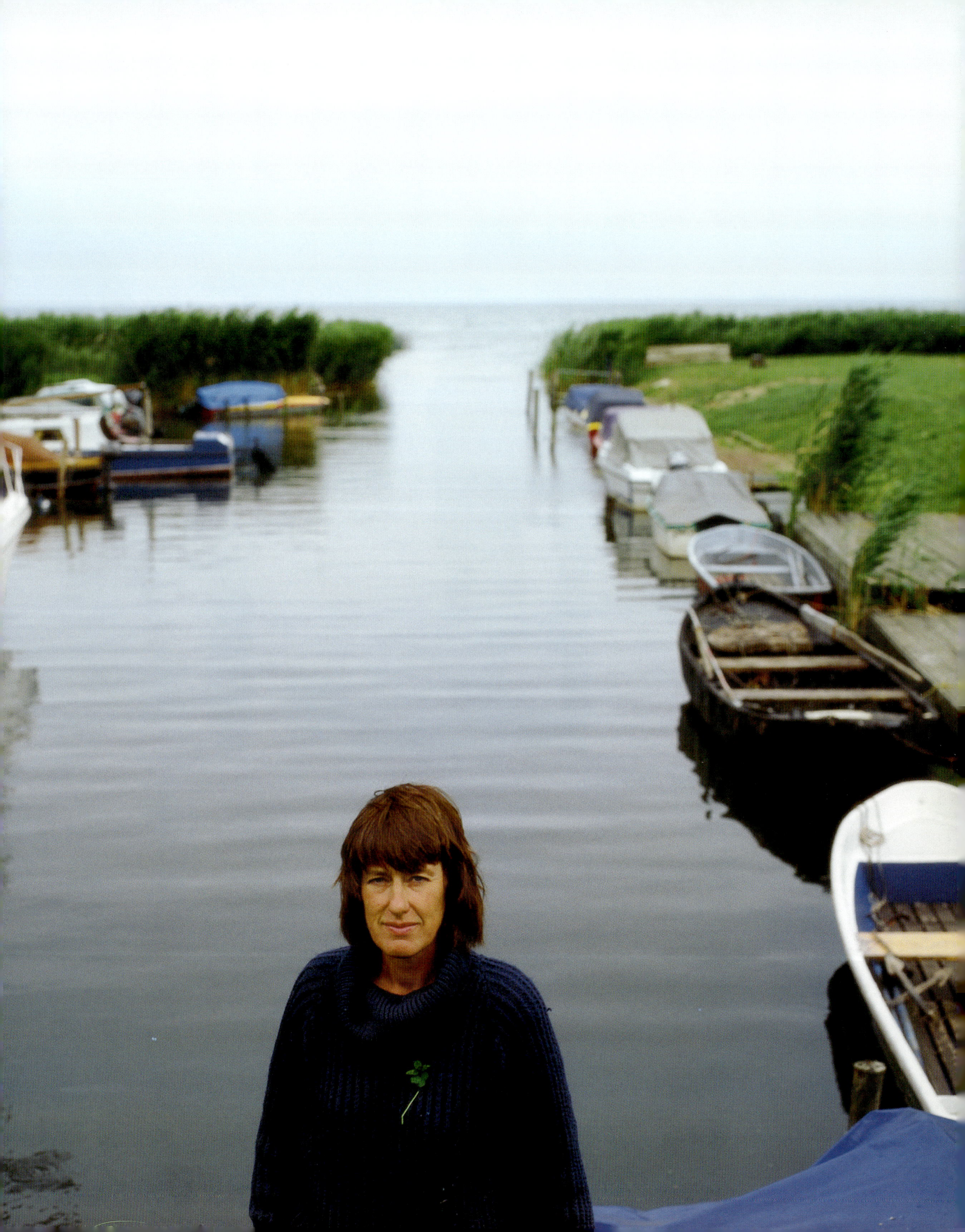

Gleich nach dem Abitur studierte Sabine Curio an der Kunsthochschule in Berlin-Weißensee, von 1969 bis 1974. »Im zweiten Studienjahr merkte ich, dass ich nicht so malen wollte, wie ich malen sollte.« Auf der Suche nach Vorbildern ging sie zu Otto Niemeyer-Holstein (1896–1984) und parallel zu ihrem Studium entstanden in dessen Atelier ihre ersten Malstudien. Der gebürtige Kieler Maler hatte Lüttenort auf Usedom zu seiner Heimat erklärt und brachte seinen Schülern und Schülerinnen eine tiefe Achtung für die Natur, vor allem aber für das Leben bei. »Ich lernte bei ihm zu sehen«, sagt Sabine Curio, »und auch, dass das Malen als Einheit von Herz, Hand und Hirn zu verstehen ist.« Angeregt wurde sie außerdem von Meistern der klassischen Moderne wie Bonnard, Vuillard, Matisse, Van Gogh, Gauguin, Toulouse-Lautrec, Ensor und Picasso.

Nach dem Studium kehrte Sabine 1974 zunächst als freischaffende Künstlerin auf ihre Insel zurück, bevor sie drei Jahre lang als Meisterschülerin des Dresdner Bildhauers Wieland Förster an der Berliner Akademie der Künste der DDR arbeitete. Doch ein Leben in der Stadt war für sie schwer erträglich, Sabine Curio braucht den Blick auf grenzenlose Landschaften. So zog sie 1977 in ihr »Haffhaus«. »Diese Weite auf Usedom, die Unendlichkeit des Horizonts – das entspricht meinem Wesen.« Seit mehr als 25 Jahren wohnt sie nun dort – in selbst gewählter Einsamkeit.

Sabine Curio lebt von ihrer Kunst. Ihr Haus ist bis unters Dach gefüllt mit Bildern. Einige holt sie für uns aus versteckten Ecken hervor und stellt sie nebeneinander: Stillleben und Landschaften im Wechselspiel von Licht und Schatten, das Meer in seinen verschiedenen Zuständen – mal stürmisch, mal friedlich – und in den unterschiedlichsten Farben: Blaugrau, Gelbgrün, Türkis, Cremeweiß oder Ocker, immer den inneren Stimmungen und den Lichtverhältnissen folgend.

Von ihrem Haus sind es nur ein paar Schritte bis zum Wasser. Im Schilf liegt am Steg festgebunden das schlanke, dunkelblaue Motorkajütboot aus Holz, das Sabine auf den Namen *Freitag* getauft hat; ein Synonym für die freien Tage. Mit dem Boot ist sie schnell auf und davon, hinterm Schilf verschwunden und umgeben von der Stille des Wassers. Ihre Malsachen hat sie stets dabei, vom Meer lässt sie sich zu immer neuen Bildvarianten inspirieren und verführen. Es sind unspektakuläre Motive, die sie wählt: Strandkörbe am Abend, Wiesenpfützen, Obstbäume im Winter, der Anlegesteg. Ihre Bilder entstehen aus der Verbundenheit mit dem, was sie täglich sieht und was sie umgibt.

Das Meer ist allgegenwärtig: Der Blick aus dem Fenster führt hinaus aufs Haff, der Blick im Zimmer mit Künstlerin und Hauskatze fällt auf die gemalten Seelandschaften.

Von allen Jahreszeiten mag sie besonders den Winter. Stundenlang kann die Insulanerin mit der Staffelei am Wasser stehen, die Eisschollen im Dunst dabei beobachten, wie sie gefrieren, zerspringen, sich wieder neu sortieren und dann auftauen: »Das ist ein solcher Reichtum an Formen und Farbigkeit. Da hält mich nichts mehr im Haus. Dann muss ich raus.« Die Eisformationen und Schneereste, die Eisschicht, die das Schilf überzieht, und die vereisten Bretterspundwände – das alles ist nicht ohne weiteres auf die Leinwand zu bannen. Ihre farbintensiven Ölbilder tragen Titel wie *Verschneite Bootsstege mit Wasserpfütze, Eisberge auf der Ostsee* oder *Gefrierende Bucht*. Es sind die besonderen Momente, kostbare Augenblicke der Vergänglichkeit in der Natur, die sie faszinieren, die sie festhalten möchte, weil sie nur für so kurze Zeit ihre Einzigartigkeit bewahren. »Farben und Formen, die in keiner Relation zur sichtbaren Welt stehen, verkommen zur Dekoration an der Wand«, sagt Sabine nachdenklich. Sie mag die Magie der Gegenstände, nicht in ihrer surrealen Bedeutung, sondern als eine auf sie wirkende, bildhafte Erscheinung. Für ihre Kunst wurde sie 1996 von einer US-amerikanischen Initiative, deren Ziel die Förderung traditioneller gegenständlicher Kunst ist, mit dem Helen-Abbott-Förderpreis ausgezeichnet.

Wann immer sie die Lust packt, ist die Malerin mit ihrem Boot schnell auf und davon, verschwunden hinter dem wogenden Schilf.

Mit dem Leben kann die Meeresmalerin nicht anders zurechtkommen als malend oder zeichnend. Sicher, manchmal muss sie sich an Tagen ohne zündende Idee zur Arbeit zwingen. Die Lust komme oft erst beim Malen. Das Malen mache stark, so Sabine Curio, weil es zur Selbstkritik zwingt, »jeden Tag stößt man neu an seine Grenzen«.

Es geht für sie in erster Linie um die Erschütterung, das Entsetzen, die innere Anteilnahme und die Verzauberung des Künstlers. »Dabei können gesellschaftliche Ereignisse, persönliche Katastrophen oder aber auch der Anblick einer verblühenden Rose der Auslöser sein.« Sie schätzt Goyas Bilder gegen den Krieg oder die Radierungen von Otto Dix, den Bilderzyklus, den Ferdinand Hodler von seiner sterbenden Freundin Valentine Godé-Darel schuf, oder die Zeichnungen der toten Soldaten von Adolph Menzel. »Kunst wirkt nur, wenn mehr drinsteckt als das vordergründig Sichtbare. Bilder sind das Fenster zur inneren Welt; sie müssen ›Seele‹ bekommen. Aus dem Innersten muss etwas sichtbar werden, was eigentlich nicht sichtbar ist.«

SABINE CURIO | 79

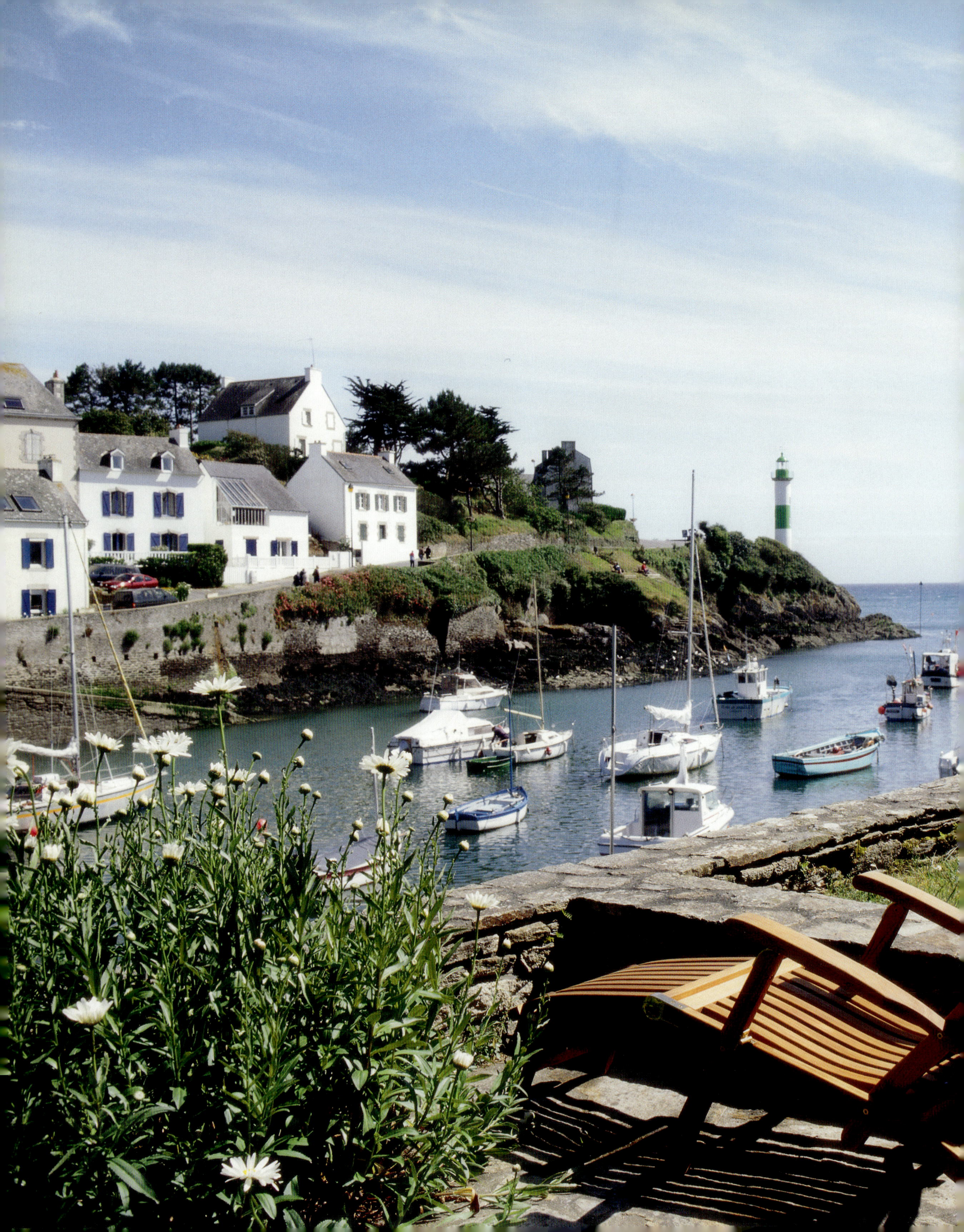

BENOÎTE GROULT
Schriftstellerin

Die Augen der lebenslustigen 82-jährigen Französin leuchten tiefblau, wenn sie Geschichten vom Meer und vom Fischfang erzählt und aus ihren vielen Erinnerungen schöpft.

Da gab es zunächst die Flucht in die Sommerferien zum Großvater in Concarneau am Atlantik, um der erdrückenden Dominanz der Mutter im mondänen Paris zu entfliehen. Mit ihm, dem Naturwissenschaftler und Botaniker, stand sie um sechs in der Früh auf, um auf Fischfang zu gehen. Sie genoss diese gemeinsame Zeit – und die Rückkehr mit den Netzen voller Fische. »Das war noch richtiges Fischen«, sagt Benoîte Groult, »keine Salonfischerei.« Da wurde nicht einfach die Angel ins Wasser geworfen. »Wir haben erst einmal Sardinenköpfe gerieben, um damit die Fische anzulocken. Das war richtig zeitaufwändig.« Benoîte Groult erinnert sich auch an die Taschenkrebse, die sie unter Steinen fing, und an die Seepferdchen, die sie in den 1930er Jahren noch im Meer finden konnte und die der Großvater dann in Alkohol

»Ich sehne mich nach Ebbe, nach dem Moment, in dem sich das Meer zurückzieht und man seine Schätze entdecken kann.«

konservierte. Damals hatte Benoîte manchmal das Gefühl, wichtige Entdeckungen für die Wissenschaft zu machen.

Ihre Lust auf das Meer kam sozusagen mit dem Fischen. Später wurde ihr der Ozean zum Ort der ersten Liebe, wo sie Freude und Leidenschaft erlebte, Trennungen und Trauer, Krisen und Leid überwand. Die Landschaft am Meer war ihr Rückhalt; bis heute ist sie die große Konstante in ihrem Leben. »Sicherlich gibt es für jeden von uns ein Fleckchen Erde, eine Landschaft, einen Garten, einen Ort, der die innere Heimat bildet. Charles Péguy hat dafür das richtige Wort gefunden: *ressourcement*«, so die erfolgreiche Schriftstellerin, die in Deutschland Ende der 1980er Jahre durch ihren Liebesroman *Salz auf unserer Haut* bekannt wurde. Für sie ist dieses »Fleckchen Erde« das Meer. »Ein Fleckchen, das der Atlantik zwischen die zwei Ufer eines durch einen Bach geteilten kleinen Naturhafens eingeschmuggelt hat. Dort hat mein Alter nicht mehr das gleiche Alter: Jedes Mal durchlebe ich erneut die Verwunderung meiner Kindheit in Concarneau.«

Heute verlebt die Bretagne-Liebhaberin ihre Sommer auf einem »viereckigen Fleckchen Grün« über der Fischerbucht von Doëlan, im südlichen Finistère, in einer lieblichen und farbenreichen Künstlergegend, wo der Maler Gauguin, ein Enkel Flora Tristans, der Vorkämpferin des französischen Feminismus, gelebt und gearbeitet hat.

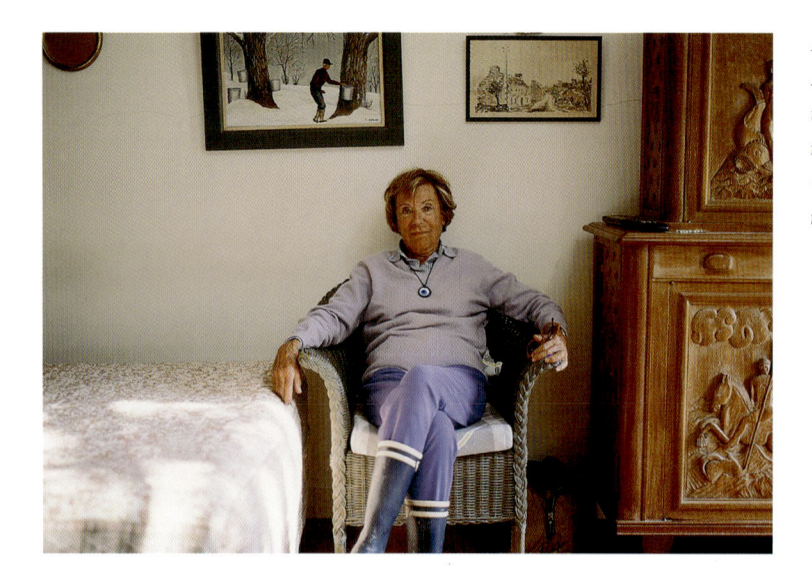

Ein Moment der Ruhe! Benoîte Groult, umgeben von Erinnerungen – und im Garten von leuchtend roter Kapuzinerkresse.

82 | BENOÎTE GROULT

Benoîte Groult wohnt mit ihrem Mann, dem bekannten Schriftsteller Paul Guimard, in einem winzigen Haus aus Granitstein mit Schieferdach. In dem kleinen blühenden Garten voller flammender, mohnartiger Eschscholtzias gedeihen blaue Klematis, Buddleia, rote Stockrosen und ihre Lieblingsblume, die Kamelie. Die weiße Bank unter den Stockrosen ist ihr Lieblingsplatz, von hier aus blickt sie gen Südost auf die schmal verlaufende Bucht von Doëlan, die seitlich von kleinen, weiß bemalten Häusern begrenzt wird und an deren Spitze ein grün-weißer Leuchtturm steht. Hier in der Bretagne schreibt Benoîte Groult nicht, hier ist sie Gärtnerin, Fischerin und Seglerin, manchmal auch Großmutter, wenn eine ihrer drei Enkelinnen für ein paar Tage zu Besuch kommt.

»Eine richtige Liebhaberin des Meeres bin ich nicht«, sagt Benoîte Groult, »ich empfinde nicht diese Sehnsucht nach dem ›großen Blau‹. Aber ich sehne mich nach Ebbe, nach dem Moment, in dem sich das Meer zurückzieht und man seine Schätze entdecken kann.« Ihr hat es weniger das offene Meer angetan als die Küste und das geschlossene Meer. »Vielleicht klingt das weniger edel, als wenn ich sagen würde, ich liebte den Ozean.« Von Segeltouren in der Südsee oder von der Überquerung des Atlantiks träumt die Schriftstellerin nicht; dabei denkt sie eher an tiefe Langeweile und Depression – es sei denn, sie würde ihre Reusen von einem Felsen aus mitten im Atlantik auslegen. Für das gerade vorbeizischende, lärmende Motorboot hat sie nur Verachtung: »Die machen das Meer kaputt. Ein Boot soll gleiten, dann ist man selbst Teil der Natur.« Aber vielleicht wirkt Geschwindigkeit männlich, fügt sie hinzu.

Benoîte Groult ist eine leidenschaftliche Fischerin. Trotzdem schultert sie nur noch selten das Ruder und trägt ihr kleines, grünes Boot über die von Wellen rund gewaschenen Felsbrocken unterhalb des Hauses, wo sie es zu Wasser lässt. Wenn sie drei Seezungen, einen Seeteufel, einen Rochen oder Krebse im Netz findet, das sie am frühen Morgen ausgelegt hat, »dann sind das außerordentliche Augenblicke«. Früher hat sie regelmäßig ihre *carnets de pêche* geführt, Bücher über die Gezeiten, den Fang und das Wetter. Das ist vorbei. Seit sie und ihr Mann das einsame Haus in Irland aufgegeben haben – die Suche nach dem Fisch war es, die sie zwanzig Jahre lang im August ans »Ende der westlichen Welt« führte – und seit die Bretagne ziemlich leer gefischt ist, legt sie kaum noch ihre Netze aus. Vorbei ist die Zeit, da sie einen oder zwei Hummer täglich nach Hause brachte. »Ich habe fast keine Lust mehr, in See zu stechen.« Und ihr ist auch die Lust vergangen, bei Ebbe mit Stiefeln im Merrien, einem Flüsschen bei Doëlan, nach ein paar Garnelen zu suchen: »Ich habe in Irland so viele Garnelen gefischt, dass ich mich hier richtig ziere. Ich mache mich nicht mehr auf den Weg, um eine kleine Schüssel voll Garnelen zu holen.«

Mit dem grünen Ruderboot fährt die Hobbyfischerin zu ihrem Motorboot im Hafen von Doëlan.

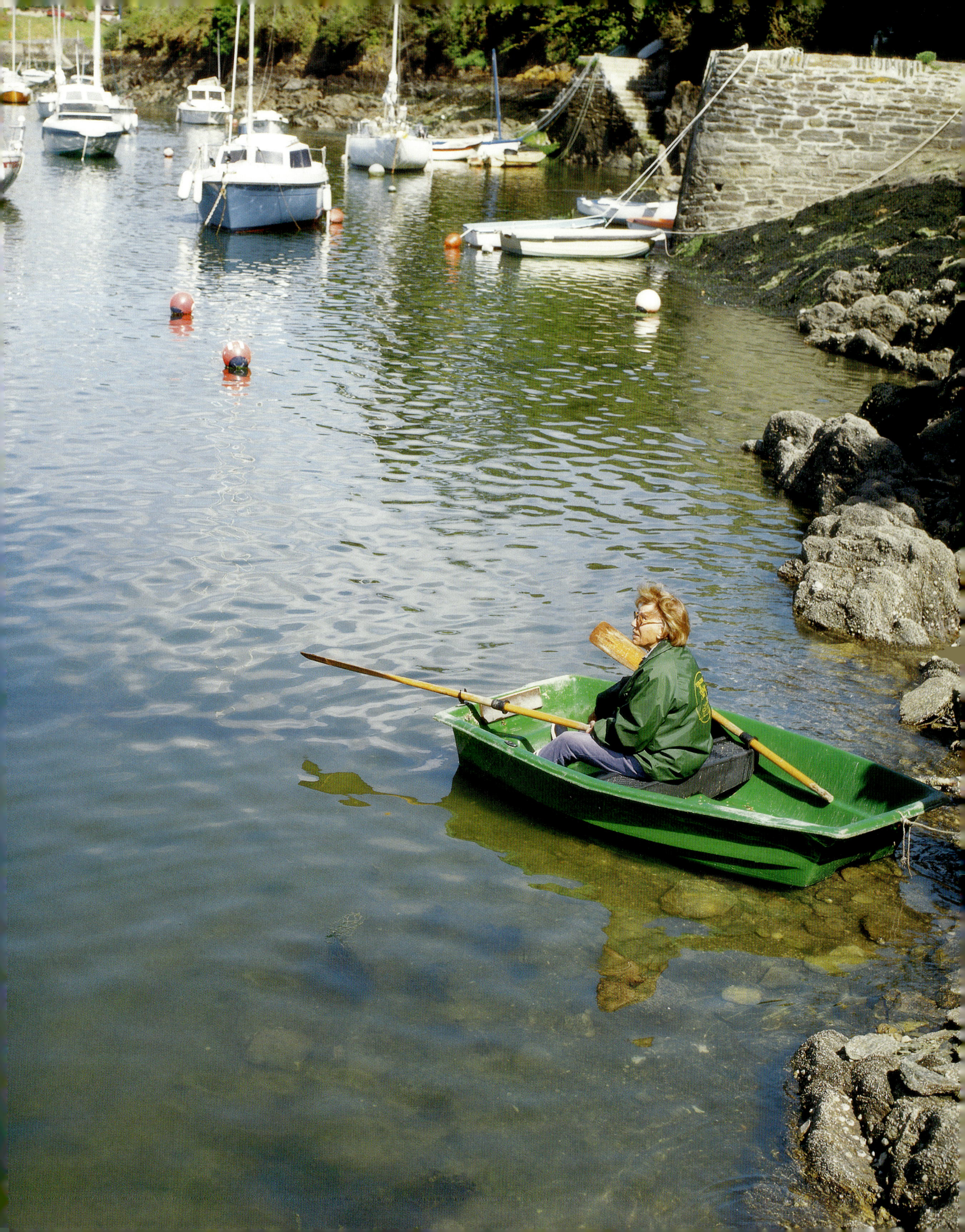

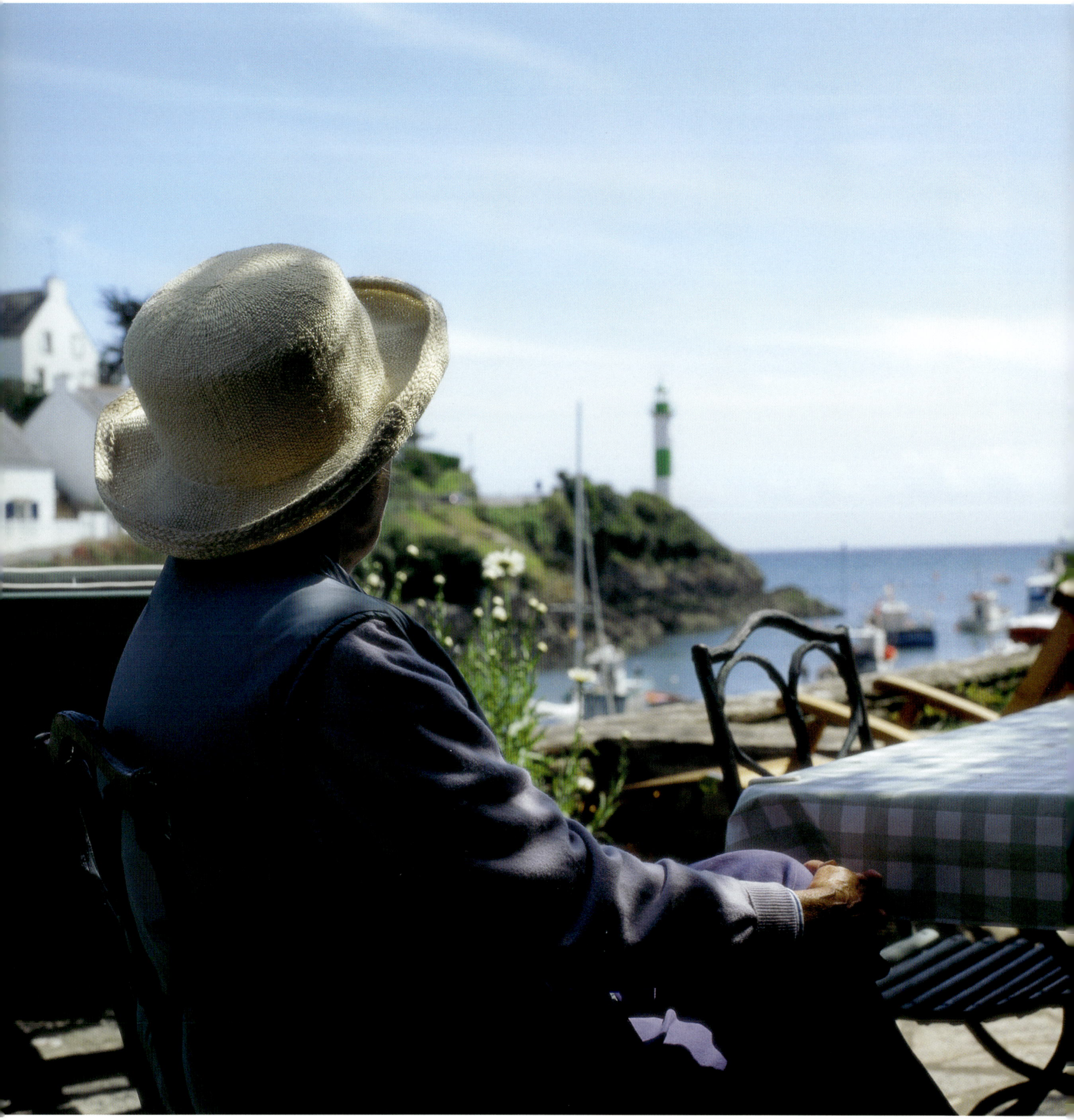

Benoîte Groult schwärmt davon, wie sie noch vor wenigen Jahren mit ihrem Boot *Tam Coat* hinausfuhr, die Reusen auslegte und Hummer, *langoustines* – so heißen die beliebten kleinen Langusten in der Bretagne –, aber auch Seehechte fing, die sie selbst salzte und räucherte. Das Fangen auf dem Meer gefiel ihr, denn das Fischen bedeutete auch, eine schweigsame, solidarische Gemeinschaft mit ihrem Mann zu bilden. Eine Komplizenschaft, die sie schätzt und die sie in ihrem Roman *Leben heißt frei sein* beschreibt. »Paul kümmert sich um den Motor und bestimmt die Richtung, ich kümmere mich um die Reusen.« Dann lacht sie über sich selbst – eine Feministin, die ihrem Mann gehorcht? Auf dem Meer könne nur einer die Entscheidungen treffen, stellt sie nüchtern fest.

Ihre Romane, Essays und historischen Frauenbiografien schreibt Benoîte Groult im Winter im milden Hyères an der Côte d'Azur, am Ufer eines Meeres, das weder Ebbe noch Flut kennt, wo es keine Strandschnecken und keine Garnelen gibt – dort hat sie auch ihre »feministische Bibliothek« und ihr »kleines Büro für Frauenfragen«, in dem ihre geistige Mutter Simone de Beauvoir auf einem Plakat thront.

Fast alle Werke der Schriftstellerin fangen mit einer Beschreibung der maritimen Landschaft an. So auch einer ihrer bissigsten Essays, *Ödipus' Schwester* (1975): »Wenn ich heute Abend zu Hause ankomme, wird Ebbe sein. So habe ich das Meer am liebsten: Es gibt vor, besiegt zu sein, sich zurückgezogen zu haben, es lässt einige wenige seiner Schätze offen zurück und täuscht Unterwerfung vor.« Mit solch harmlosen, die Leser zunächst beruhigenden Sätzen beginnt Benoîte Groult ihr Pamphlet gegen die

Männerherrschaft, um dann eine sehr scharfsinnige und provokative Analyse der Geschlechterverhältnisse folgen zu lassen. Das Buch machte in Frankreich Furore, während in Deutschland der Roman *Salz auf unserer Haut* fast ein Jahr lang auf Platz eins der Bestsellerlisten stand – die Geschichte einer Liebe zwischen einer Pariser Intellektuellen und einem bretonischen Fischer, die sich einzig in erotischer Leidenschaft gründet.

Die Autorin ist fasziniert von der Welt der Fischer, sie seien die letzten Abenteurer des Meeres. Nur sehr wenige Frauen ergreifen diesen Beruf, eine von ihnen war die französische Ozeanografin, Dichterin und Fotografin Anita Conti (1899–1997). Die »Dame des Meeres«, so wurde sie genannt, ging zusammen mit sechzig Männern 180 Tage lang auf Kabeljaufang vor den Gewässern Grönlands. Und in den 1950er Jahren jagte sie im Senegal nach Haifischen, die dort als Nahrung für die Kinder verwendet wurden.

Vor dem Ozean hat Groult Respekt und Angst. Er sei etwas Mächtiges und herrsche über den Menschen. Das Meer sieht sie nicht als einen Ort der Sirenen und der Verführung, sondern als einen Ort, an dem getötet wird. »Man kann nicht mogeln, das Meer ist unberechenbar.«

Benoîte Groult erregt sich über die Fangquoten der Europäischen Gemeinschaft. »Die werden in den Brüsseler Büros am grünen Tisch beschlossen, und damit wird auch über das Schicksal von Menschen, die ihr Leben für ihre Kutter geopfert haben, entschieden.« Sie legt sich aber auch mit den Ökologen an, die vor dem Aussterben bestimmter Fischarten warnen. Es sei grausam, Menschen an der Ausübung ihres Berufs zu hindern, unter dem Vorwand, dass eine Meeresspezies ausstirbt. »Es gibt nichts Traurigeres als einen verlassenen Kutter am Meeresgrund«, sagt Benoîte Groult.

Gerade ist Ebbe. Das Wasser läuft ab, einige verwaschen blau-rote Kutter liegen bereits auf Grund. Bücher über die Gezeiten, den Fang und das Wetter will die Französin nicht mehr schreiben, bei ihrem nächsten Buch über das Alter wird es aber bestimmt wieder um die Landschaft am Meer gehen.

Bei Ebbe sucht die Autorin im Flüsschen Merrien nicht mehr nach Garnelen. Kutter und Segelboote liegen hier auf Grund – und vermitteln eine Atmosphäre der Verlassenheit.

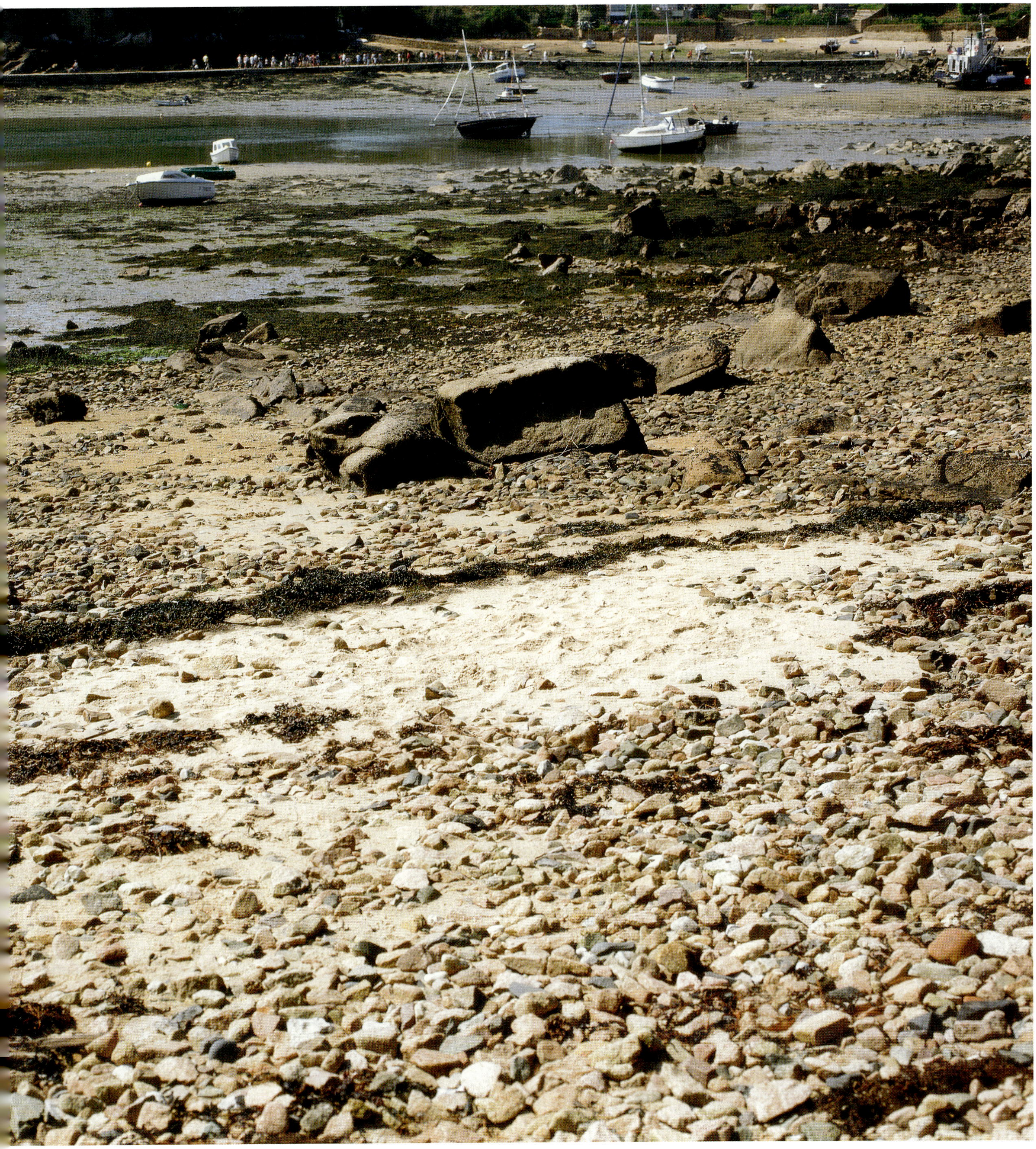

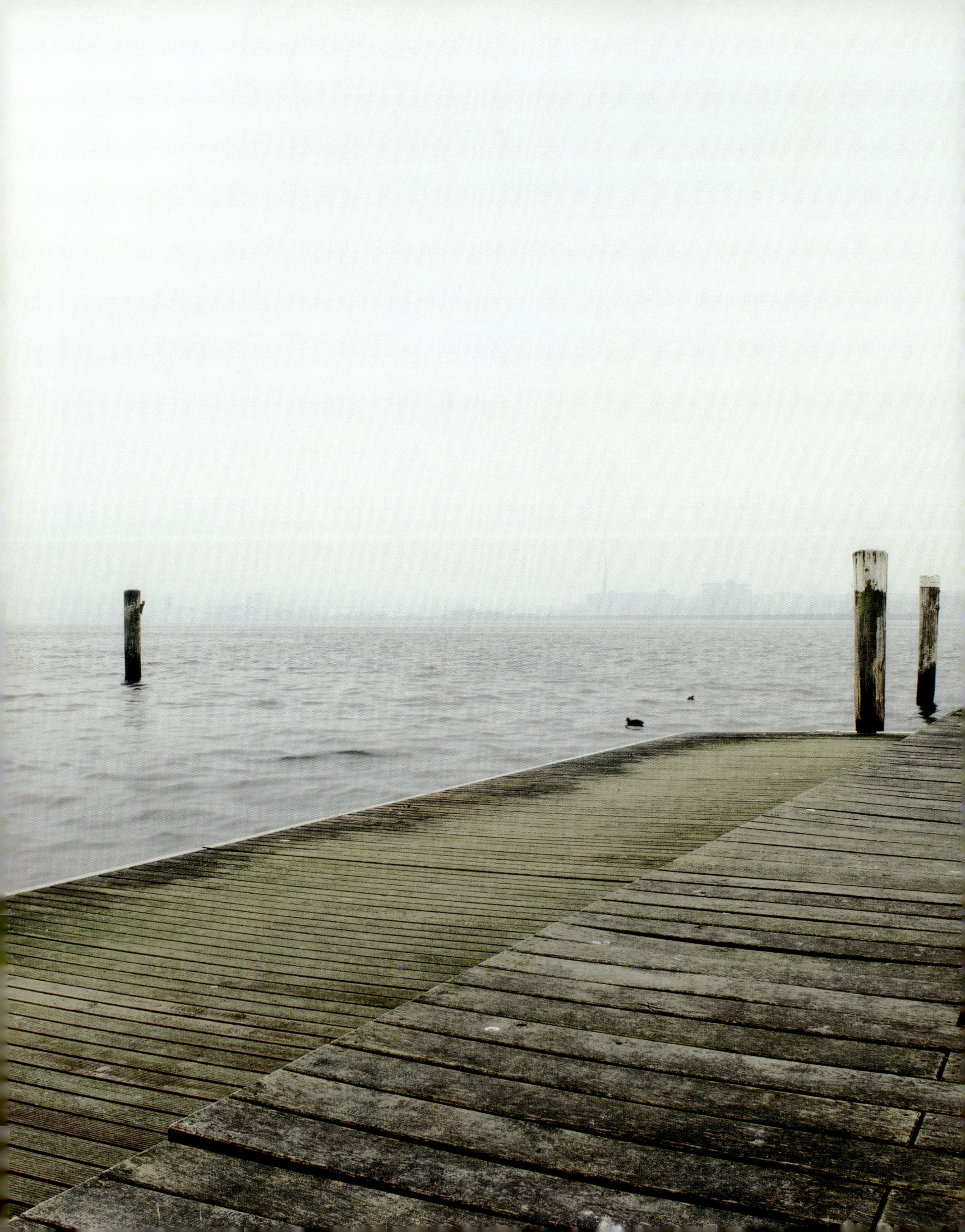

KIRSTEN HARMS
Opernregisseurin

Am liebsten würde sie das stattliche Kieler Opernhaus umbenennen – in »Oper am Meer«. Der Kleine Kiel, ein ehemaliger Förderarm, liegt nämlich direkt vor der Haustür des fast hundert Jahre alten Backsteinbaus, und nur ein paar Schritte entfernt erstrecken sich Ostseekai und Kieler Förde. Kirsten Harms liebt das Meer, und von den Mythen des Meeres hat sie sich während der acht Jahre ihrer Intendanz in Kiel stets inspirieren lassen.

Die Nähe zum Meer prägte die Hamburgerin, die 1956 geboren wurde, schon als Kind, genauso wie zwei starke Frauen: die Mutter mit der wunderbaren Stimme, die früher in der Hamburger Singakademie aufgetreten ist und heute immer noch singt, und die begabte Großmutter, die Puppenbildnerin war. Und wenn sie ins Theater ging, träumte Kirsten davon, selbst einmal als Schauspielerin auf der Bühne zu stehen.

»Mich inspirierte beim ›Schimmelreiter‹ der Mythos vom Menschen, der dem Meer Land abtrotzen will.«

Zu dieser magischen Welt aus Kulissen und Masken gehörte früh die Musik. »Klavierspielen war Teil meiner Erziehung«, erzählt Kirsten. Außerdem lernte sie Blockflöte und Querflöte und durfte sonntags in der Kirche oder auf kleinen Konzerten vorspielen.

Nach der Schule zog es sie zunächst zum Musiktheater. In Hamburg wurde Musiktheaterregie als Studienfach angeboten. Kirsten Harms bewarb sich um einen Platz – und bestand die Aufnahmeprüfung.

Auch nach dem Studium stand ihr der Sinn noch nicht nach Oper. »Die Oper alten Stils ist rückwärts gerichtet, zu bürgerlich, nicht innovativ und kreativ genug«, erklärt Kirsten, die außerhalb der Norm arbeiten wollte. Deshalb gründete sie mit anderen Studienkollegen eine freie Gruppe, ein Off-Theater. Das war in den 1980er Jahren, und die Auswahl der Theaterstücke war äußerst sozialkritisch.

Von 1985 bis 1988 folgten Stationen als Regieassistentin an den Städtischen Bühnen Dortmund und als Lehrbeauftragte für Dialogregie im Studiengang Musiktheaterregie an der Hamburger Hochschule. 1995 wurde sie Intendantin an der Kie-

Kirsten Harms liebt dieses diesige Aprilwetter, weil es an die Mythen des Meeres erinnert und sie geradezu inspiriert.

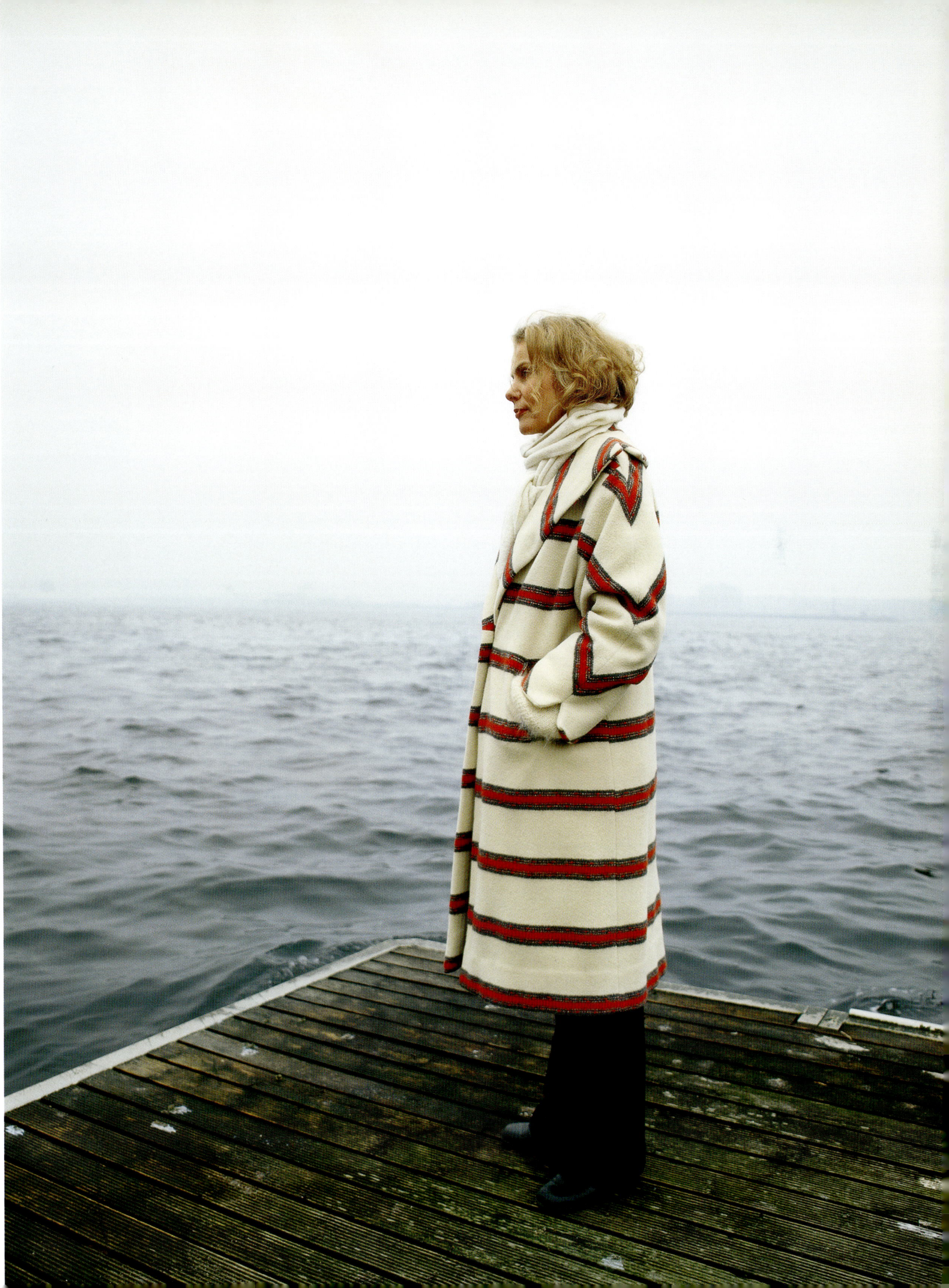

ler Oper. Endlich konnte Kirsten selbst den Spielplan bestimmen und ihre Idee realisieren, die Mythen des Meeres auf die Bühne zu bringen.

Mit den romantisch-exotischen *Perlenfischern* (1863) von Georges Bizet, einer tragischen Liebesgeschichte am blauen Meer im sonnigen Ceylon, fängt sie 1996 an. In *Cristoforo Colombo* (1892) von Alberto Franchetti geht es um die Abenteuer des Genueser Seefahrers und um die Eroberung des Meeres. Von stürmischer See und Leidenschaft handelt auch *The Magic Fountain* (Die Wunderquelle) von Frederick Delius, ein lyrisches Drama von 1896. »Das Wasser gilt hier als Symbol der Jugend. Es ist eine dramatische Liebesgeschichte«, erklärt die Intendantin, die selbst leidenschaftlich gern Geschichten erzählt. In den folgenden Jahren greift sie immer häufiger auf alte Meisterwerke zurück – auch *Der Fliegende Holländer* (1843) von Richard Wagner zählt zu ihren Meeresstücken. Der Titelheld ist dazu verdammt, auf einem verwunschenen Schiff über die Meere zu irren und nur alle sieben Jahre an Land kommen zu dürfen, um eine Frau zu finden, die ihn bedingungslos liebt und erlöst. »Mich fasziniert der Entwurf eines dynamischen Lebens, das keinen Anker findet. Es ist eine sehr schöne Männerfantasie«, sagt Kirsten Harms und lacht dabei.

Dass das Meer voller Tragik sein kann, zeige aber vor allem Storms *Der Schimmelreiter*. Die Zuschauer sitzen vor dem endlosen Grau des Horizonts, »irgendwo hinter den Deichen in der nordfriesischen Marsch«, so Theodor Storm in einem Brief von 1887. »Mich inspirierte beim *Schimmelreiter* der Mythos vom Menschen, der dem Meer mit Hilfe eines gigantischen Bauwerks Land abtrotzen und den Menschen Segen bringen will – eine faustische Geschichte.« Im Kampf gegen die Naturgewalten wird bei einem einzigen Sturm alles niedergerissen, und die Ehefrau des Deichgrafen wird von den Fluten verschlungen. »Das Meer holt sich alles zurück, der Größenwahn wird bestraft. Unsere abendländische Kultur ist geprägt von der Vorstellung des Lebens als Kampf – der Kampf zwischen Himmel und Hölle, zwischen Gut und Böse. Das ist aber eine sehr begrenzte Auffassung.«

Die Regisseurin liebt die Herausforderung. So wagt sie auch immer wieder Aufführungen von Stücken, die in Vergessenheit geraten sind, wie Franz Schrekers *Das Spielwerk und die Prinzessin*. Oberstes Auswahlkriterium ist für sie, dass die Geschichten berühren. Sie ist keine Anhängerin von Abstraktem, bei ihr muss das Theater plastisch sein, es muss etwas erzählen.

Ihr ganzes Leben dreht sich um die Oper. In ihrem Ehemann, dem Bühnenbildner Bernd Damovsky, hat Kirsten Harms einen gleich gesinnten Partner gefunden. Mit ihm bespricht sie den Spielplan, die Vorbereitungen für die neue Spielzeit, die Realisierung. Und wenn die Luft mal dick wird, flüchtet die Opernspezialistin gern auf die grüne Nordseeinsel Föhr. Hier kann sie durchatmen, neue Kräfte sammeln. Wasser und Meer sind für sie nicht nur Symbole wogender Leidenschaften. Wenn sich meterhohe Wellen an Land wälzen, dann wird Kirsten Harms innerlich ganz ruhig.

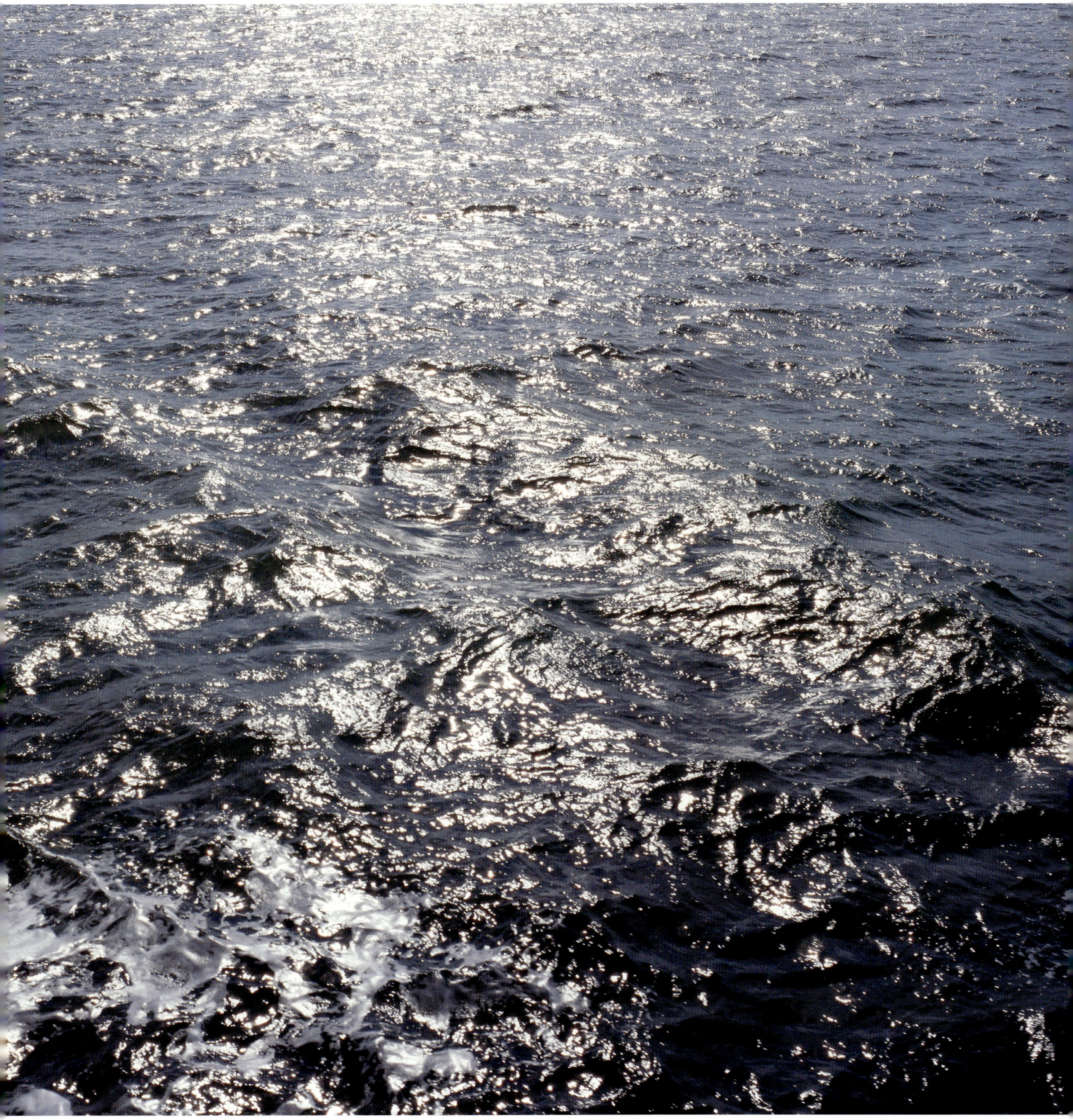

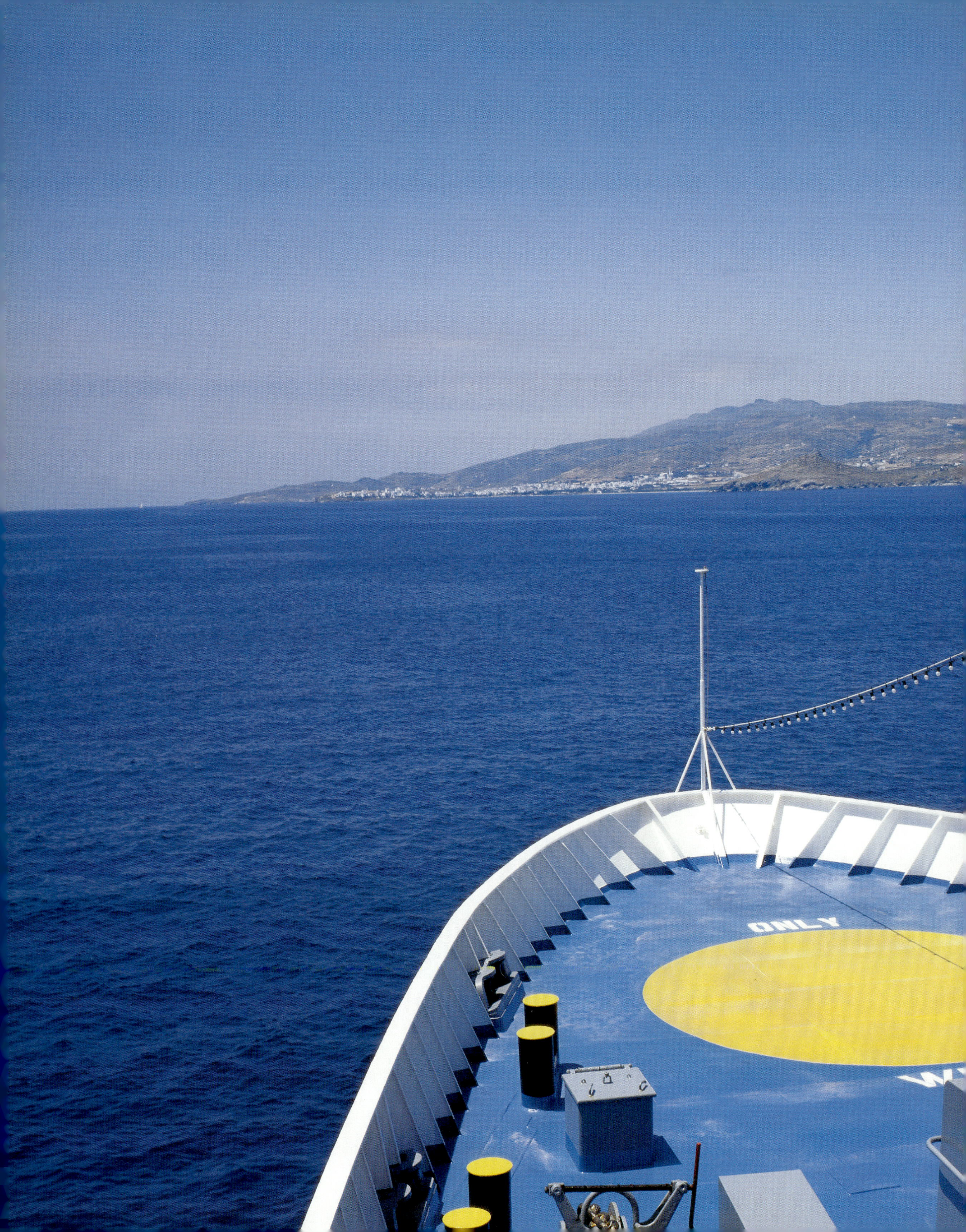
ONLY

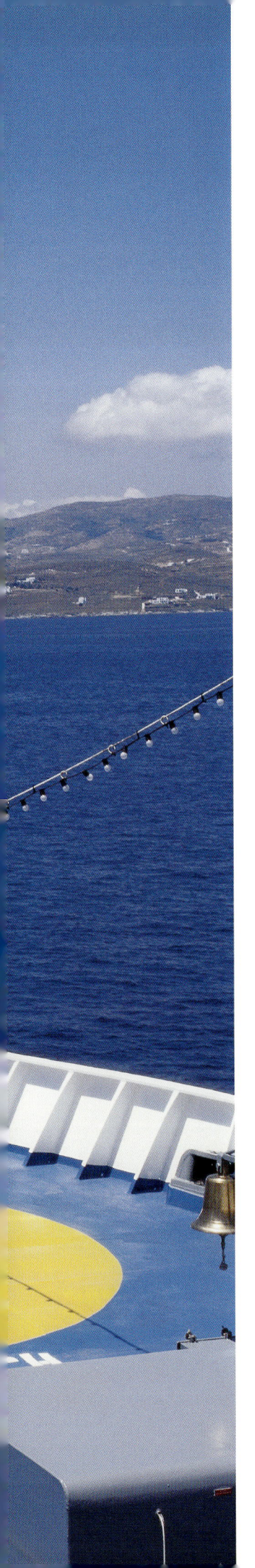

IOANNA KARYSTIANI
Schriftstellerin

Es war keine Liebe auf den ersten Blick. Als die damals 38-jährige Ioanna mit ihrem Mann und den beiden Kindern 1989 auf Andros, der nördlichsten der Kykladeninseln, landete, wollte sie noch am selben Tag mit der Fähre zurück nach Athen – nur wieder weg. Es ging ihr gesundheitlich nicht gut, es gab Streit in der Familie und außerdem war sie gedrückter Stimmung und idyllischer Orte mit blauem Meer und weißen Häusern sowieso überdrüssig.

Kein guter Beginn, aber ein Besuch bei Freunden in dem Dorf Stenies wirkte Wunder: An jenem Nachmittag trank die Drehbuchautorin und Cartoonistin den typisch starken griechischen Kaffee, unterhielt sich mit der Familie und entdeckte schwarz gerahmte Fotografien von Seeleuten, die im Nordatlantik Schiffbruch erlitten hatten. Neben ihr saß ein hübscher Junge, der Vater und Großvater auf See verloren hatte und trotzdem bald selbst an Bord gehen wollte. Ioanna erfuhr, dass in vielen Häusern ähnlich gerahmte Fotos hängen, und sie begann zu fragen: Wie können

»Aber die Faszination für das Meer und die Menschen, deren Schicksale so eng mit dem Wasser verbunden sind, hatte mich gepackt.«

die Familien so viel Leid ertragen? Wie können die Menschen mit dem Gedanken leben, dass ihre Angehörigen im Meer ertrunken sind, sie also niemals an Land bestattet werden? Wie lebt diese kleine blau-grüne Mittelmeerinsel mit der Trauer? In diesem Augenblick erklärte sie Andros zu ihrer Insel – es war Liebe auf den zweiten Blick. Sie wollte nicht mehr nach Athen zurück, stattdessen beschloss sie, ein Buch über Andros zu schreiben. Sie wusste noch nichts von der Welt der Seeleute, »aber die Faszination für die See und ihre Menschen, deren Schicksale so eng mit dem Wasser verbunden sind, hatte mich gepackt«.

Mit dem Wasser wurde sie selbst zunächst auf sehr gefährliche Weise konfrontiert, denn als Zweieinhalbjährige wäre sie im Mittelmeer fast ertrunken. Ihre damals zehnjährige Schwester hatte sie plötzlich ins Wasser gestoßen. Sie sei hässlich und im Übrigen gäbe es sowieso zu viele Mädchen in der kinderreichen Familie, so die Erklärung der Älteren, über die Ioanna heute lachen kann. »Gerettet wurde ich von zufällig vorbeikommenden Passanten.«

Von der Terrassenmauer aus blickt Ioanna Karystiani aufs Meer. Im Garten ihrer Freundin Sofia erzählt sie Geschichten von Andros.

Ihre Liebe zum Wasser weckten vielleicht Ioannas Eltern, die in der Folge des griechisch-türkischen Krieges 1922 aus Anatolien vertrieben worden waren und als griechischstämmige Flüchtlinge auf Kreta ein neues Zuhause fanden. »Als ich ein Kind war, erzählten sie mir oft Geschichten von Izmir, dem ehemaligen Smyrna, ihrer geliebten Heimat. Geschichten, die meine Fantasie anregten.«

Das Meer jedenfalls prägte die Kindheit der jungen Ioanna, die im kretischen Chania, mit einem Hafen voller Schiffe, die von fernen Orten kündeten, geboren wurde. »Das Meer bot mir stets Schutz und Trost«, sagt die Schriftstellerin. Als sie an einer Blutkrankheit litt und nicht mehr in die Schule durfte, und auch später, als bei ihr Lymphdrüsenkrebs diagnostiziert wurde und sie jahrelang Chemotherapie und Bestrahlungen durchstehen musste.

Auch die Literatur half ihr, die Krankheit zu überwinden, besonders die Kurzgeschichte »Eniansion Thyma« (Das jährliche Opfer) ihres Lieblingsschriftstellers Alexandros Papadiamantis (1851–1911), des »griechischen Dostojewski«, gab ihr Kraft. In dieser Geschichte geht es um das stürmische Meer und um die alljährlichen Schiffshavarien kurz vor Weihnachten, bei denen immer wieder Fischer ihr Leben lassen müssen. Ioanna las Papadiamantis' Erzählung unzählige Male, sie war gefesselt von dem harten Schicksal der Seeleute. »Vielleicht liegen hier die Wurzeln meines Romans *Die Frauen von Andros*«, mutmaßt Ioanna. »Die Geschichte von den Matrosen und Kapitänen, die die Weltmeere erobern, und von den Frauen, die die Familie und das Zuhause auf der Insel mit ihren unumstößlichen Traditionen und eisernen Gesetzen pflegen, schrieb ich in der Zeit, als ich krank war.«

Die Ambivalenz des Ozeans zieht die Schriftstellerin an – der Ozean, der zugleich Leben spendet und Tod bringt. »Jeder Grieche hat ein blaues Mal«, erklärt Ioanna, die die Gefahren, die mit dem Wasser verbunden sind, am eigenen Leib erfahren hat und trotzdem die wunderbaren Spiegelungen der sonnigen Inseln im tiefblauen Meer beschreibt. Aus zweiter Hand erlebt und erlitten hat sie die Verbrechen auf der Insel Jaros, auf der die griechische Militärjunta in den Jahren 1963 bis 1973 ein Konzentrationslager für Oppositionelle errichtet hatte. Auf dieses idyllisch gele-

Die Seefahrt ist überall auf der Insel präsent – auch an einsamen Plätzen mit grünblauem Wasser, duftenden Kräutern und ins Meer stürzenden Felsen.

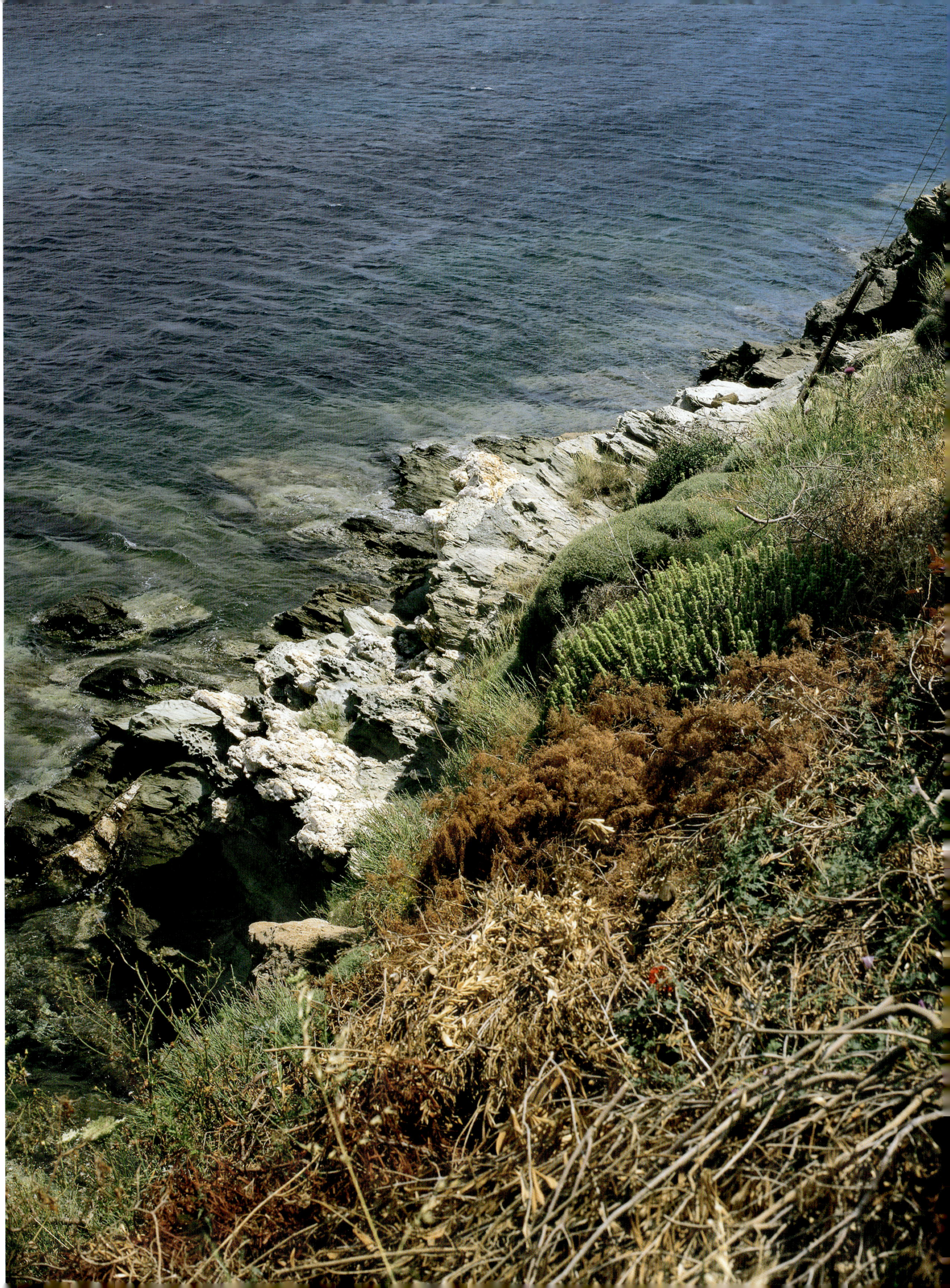

gene Eiland war auch Ioannas Mann Anfang der 1970er Jahre deportiert worden – wie tausende andere, darunter der Komponist Mikis Theodorakis und ein Freund Ioannas, Stathis Panagoulis. Über seinen Bruder Alexandros, der unter nie geklärten Umständen ums Leben kam, schrieb die italienische Schriftstellerin Oriana Fallaci ihren Welterfolg *Ein Mann*. Zu jener Zeit rebellierte auch die junge Jurastudentin Ioanna gegen die Herrschaft der Obristen, gegen Willkür, Repression und Folterung, und organisierte als Vorsitzende des Verbands der kretischen Studenten den Widerstand, darunter die Besetzung der Universität. Über diese düstere Zeit redet die lebhafte, lebenslustig wirkende Fünfzigerin nicht gern – genauso wenig wie über ihre Krebskrankheit. Da bricht sie das Gespräch lieber ab. »Ja, sicher, ich habe Schlimmes erlebt, doch jetzt bin ich hier und teile das Leben mit Menschen, die ich liebe, und genieße meine Erfolge als Schriftstellerin.«

Die schwierigen Momente in ihrem Leben, »der Ozean ihres Lebens«, wie sie sie nennt, haben zweifelsohne beim Schreiben von *Die Frauen von Andros* Spuren hinterlassen. Vielleicht konnte sich Ioanna deshalb in die Geschichte der Schwestern Órsa und Moska, die denselben Kapitän lieben, so gut einfühlen und in die Geschichten der Seeleute, die jahrelang unterwegs sind. Sie beschreibt zwei Parallel-Odysseen: das einsame Leben der Frauen, die auf der Insel bleiben und in ihren leeren Häusern unter der Abwesenheit der Männer leiden, und das einsame Leben der Männer draußen auf dem Meer und in fernen Ländern. »Ich erzähle von der Irrfahrt auf stürmischem Wasser und von der Irrfahrt in den eigenen vier Wänden.«

Das klare Wasser, Felsen und Buchten mit gestrandeten Booten regen Ioannas Fantasie an; liebevoll beschreibt sie die Insel der Reeder und Fischer.

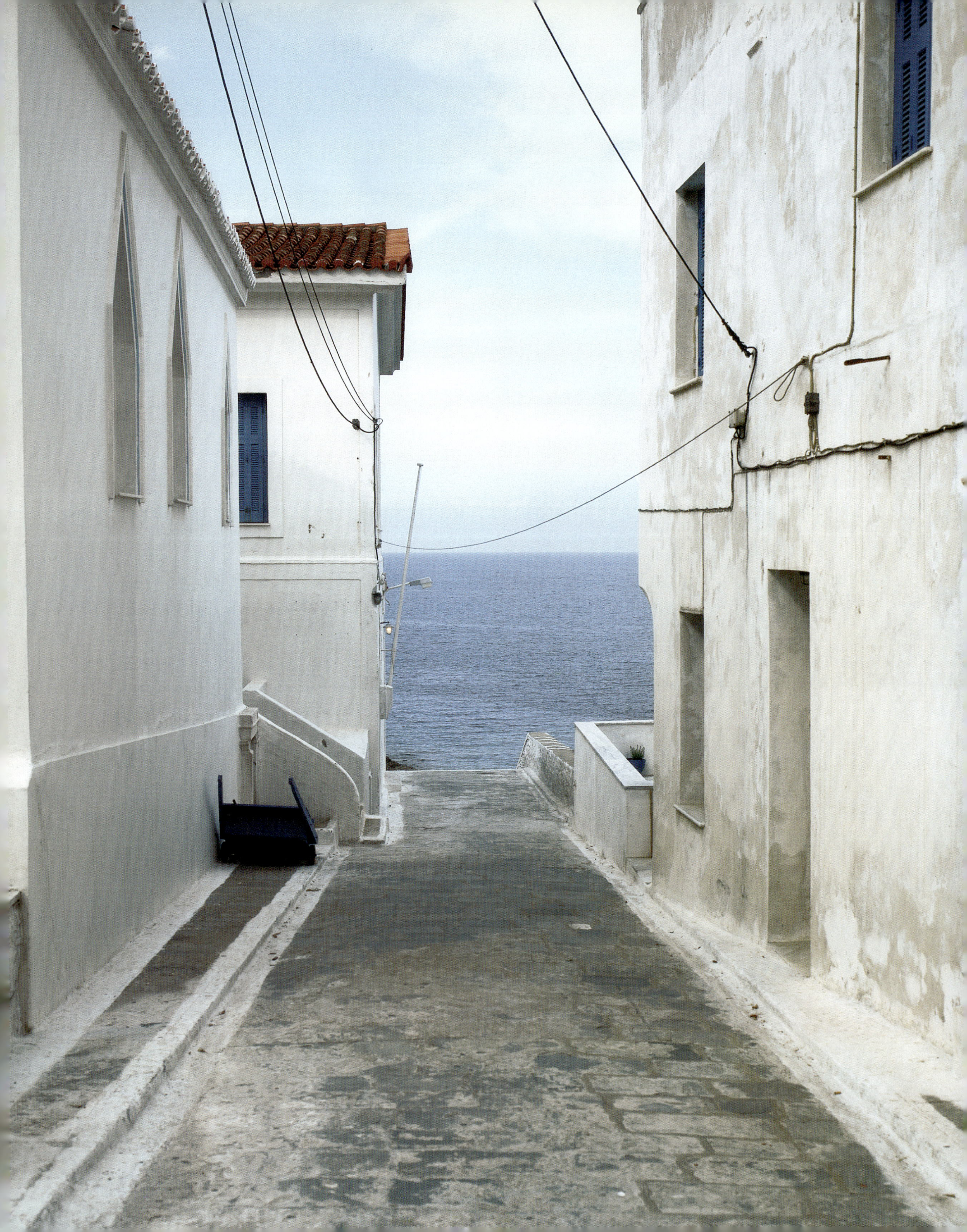

Die Schriftstellerin hat ein Gespür für Tragödien à la Homer und für menschliche Odysseen. Aber es geht Ioanna Karystiani nicht um Helden, sondern um Menschen, die sie ausgehend von den kleinen Dingen des Alltags porträtiert – wie die gerahmten Fotografien, die Abwesenheit und Einsamkeit dokumentieren. »Ich möchte sowohl das Leid der Männer als auch das Leid der Frauen beschreiben.«

Einer von Ioannas Lieblingsplätzen in Chora, dem Hauptort auf Andros, ist der Friedhof, von dem aus man auf das Meer blickt. Hier sitzt die dunkelhaarige Autorin mit den ebenmäßigen Gesichtszügen und den grünen Augen oft auf einer Treppe, neben rosa blühendem Oleander, duftenden Zitronenbäumen und kerzengeraden schwarzen Zypressen. Sie schaut sich die einzigartigen Marmorgräber der Reeder mit den eingemeißelten Schiffen und Ankern an, denkt über das dramatische Leben der Seeleute nach und macht sich Notizen für das nächste Buch. *Swell* soll es heißen, wie Anschwellen oder Seegang, wie das dumpfe, stille Geräusch des Ozeans. Auch in diesem neuen Roman ist das Meer wieder ihr Thema. Und an Bord sind 22 Männer, nur so viel verrät uns die Schriftstellerin.

Schreiben wollte Ioanna Karystiani schon immer. »Maschinengewehr« war ihr Spitzname als Kind, weil sie viel und schnell redete und gern Geschichten erzählte. Einige ihrer Freunde sahen in ihr schon die künftige Rechtsanwältin, die sie nicht wurde, obwohl sie tatsächlich Jura studierte.

»Während der Herrschaft der Militärjunta erlaubte ich mir als Jurastudentin nicht, nebenbei zu schreiben. Die Zeiten waren nicht danach.« Sie begann, für Zeitungen zu zeichnen und war als Karikaturistin erfolgreich. »Es war eine unterdrückte Romanautorin in mir«, meint Ioanna heute, »die Karikaturen waren die Masken, unter denen ich sowohl meine Angst vor dem Schreiben, als auch mein Verlangen

Auf dem Friedhof mit den einzigartigen Marmorgräbern der Reeder macht Ioanna sich Notizen.

danach versteckte.« Doch eines Tages brach es aus ihr heraus: Sie wachte auf und spürte den starken Wunsch, ihre Gedanken zu Papier zu bringen. Ihr erstes Buch erschien, als sie 42 Jahre alt war. Parallel zum Schreiben von Romanen arbeitet sie, die mit dem bekannten Filmregisseur Pantelis Voulgaris verheiratet ist, als Drehbuchautorin. Noch heute ist sie den Filmregisseuren Constantin Costa-Gavras und Martin Scorsese für die Zusammenarbeit dankbar – für Scorcese schrieb sie das Drehbuch zu *Brides* (Bräute), eine Story über siebenhundert »bestellte« Frauen, die 1922 auf einem Boot den Ozean überqueren, um den Unruhen auf dem Balkan zu entgehen, indem sie im fernen Amerika fremde Männer heiraten.

Ioanna Karystiani, die zwischen Athen und Andros pendelt, schreibt am liebsten auf Andros, der Insel der Reeder und Seeleute. Sie wohnt in Stenies, einem Ort mit wenigen Häusern, an einem bergigen Hang gelegen, ein paar Kilometer vom Hauptort Chora entfernt. Hier genießt sie die Ruhe, was in einer Familie mit drei Filmregisseuren – Ehemann Pantelis und den beiden 22 und 24 Jahre alten Kindern – nicht selbstverständlich ist. »Einen bestimmten Arbeitsplatz habe ich nicht«, gesteht sie. Manchmal schreibt sie in der Küche ihres Hauses oder auf dem Friedhof oder im *kafenion* ihres Freundes Vangelis, in das sie uns nachmittags zu *lemonanthòs,* einer Süßspeise mit Zitronen, und abends zu *fourtalia,* einem herzhaften Omelett mit Kartoffeln und Schweinewurst, einlädt.

Irgendwie gehört das Schlemmen auch zum Schreiben. So wie das Schlendern durch das mittelalterliche Chora mit seinen stattlichen, mehrstöckigen weißen Häusern mit Sardellenmuster, einer besonderen Hausputztechnik, mit den roten Ziegeldächern und den verzierten viereckigen Taubentürmen. Und natürlich gehört zu Chora auch die Riesenstatue des Seesack tragenden *Unbekannten Fischers.* Aus den Erlebnissen des Alltags dieser Inselwelt webt die Griechin ihre Geschichten.

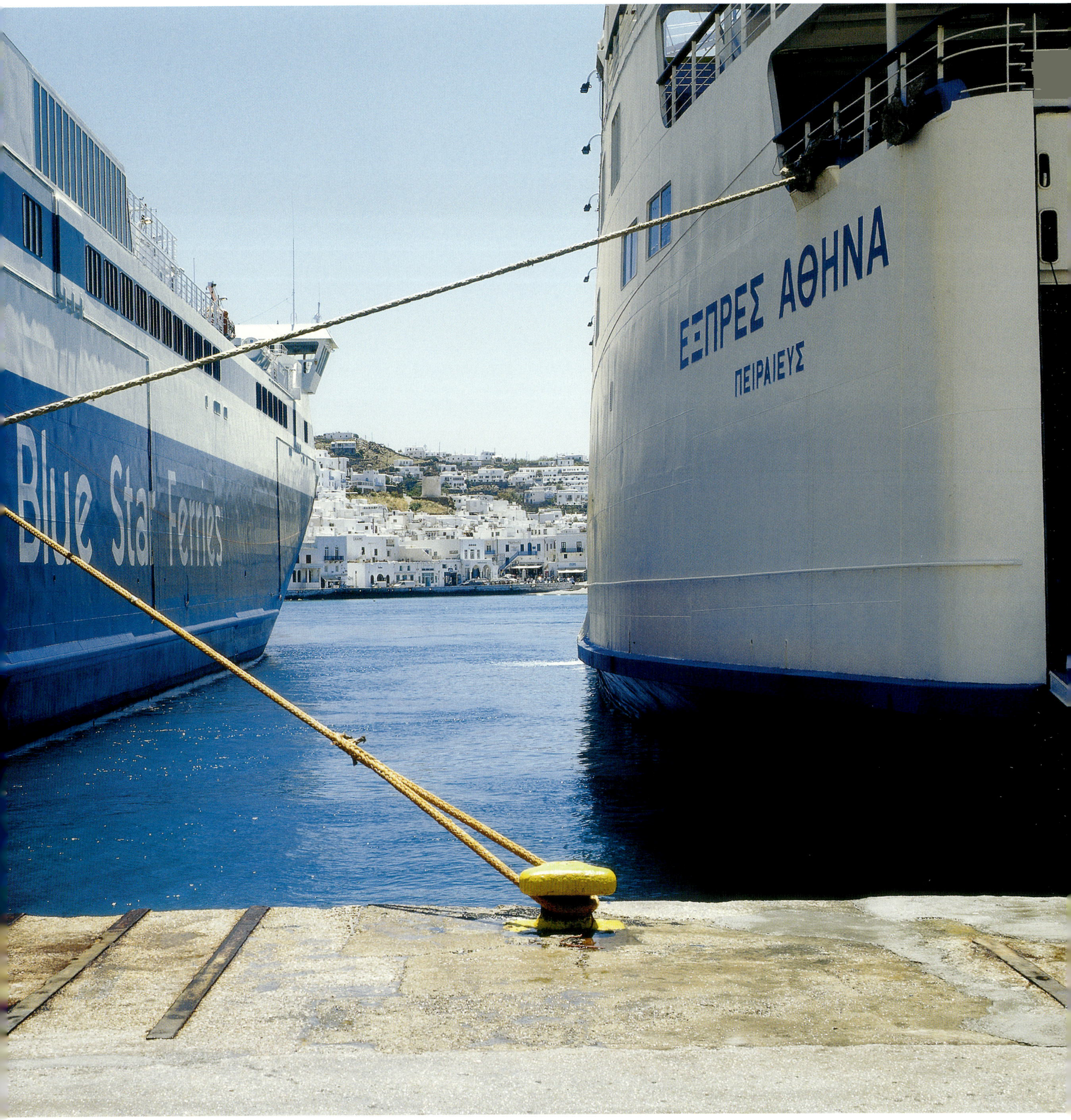
Blue Star Ferries
ΕΞΠΡΕΣ ΑΘΗΝΑ
ΠΕΙΡΑΙΕΥΣ

KRISTEN NOGUÈS
GWENAËL KERLÉO
Harfenistinnen

Blaugrüne Hügel, von Pinien, blühendem Heidekraut und gelbgrünem Stechginster gesäumte Strände und Granitfelsen, auf denen hie und da Grasbüschel wachsen, umschließen die Küste der Rade de Brest. Fast neunzig Kilometer lang ist diese Bucht, die tief ins Land hineinragt. In dieser traumhaften Landschaft am Atlantik gleiten die Finger von Kristen Noguès und Gwenaël Kerléo über die Saiten ihrer Harfen, die Klänge mischen sich mit dem Wind, nur die Frauen und ihre Musik zählen – und das Meer.

Die 1952 geborene Kristen Noguès sitzt auf einem modernen Aluminiumkoffer und spielt am Ende der Pointe d'Armorique im bretonischen Finistère das Lied *L'attente des femmes* (Das Warten der Frauen). Im Hintergrund leuchtet Brest, die »weiße Stadt« am Atlantik, mit ihren hellen Häusern; dort wohnt die Harfenistin, rund vierzig Kilometer südlich der wilden Île d'Ouessant. Dieser Insel hat sie ihre musikalische Komposition für den Stummfilm *Finis terrae* aus dem Jahr 1929 gewidmet.

*»Meer und Musik sind sich so ähnlich.
Das Warten, die Stille, die Angst …
Das Meer ist etwas sehr Sinnliches.«*

Seit dreißig Jahren ist Kristen unterwegs mit ihrer Harfe, ihrer Fantasie und ihren Kompositionen. Beim Zupfen der Saiten reisen ihre Gedanken zu den Fischern und zu den schweigenden Frauen, die stolz auf den Felsen vor der stürmischen See stehen, würdevoll in schwarzen Röcken und gekrönt mit weißen Hauben. Vielleicht wird ein Sturm kommen und die Inselglocke, die bei Orkanen und Schiffbrüchen unaufhörlich ertönt, wird läuten, während die Frauen auf die Heimkehr ihrer Männer warten.

Im Vergleich zu der Musik von Kristen Noguès wirken die Klänge von Gwenaël Kerléo leichter, fließender, harmonischer. Gwenaël, die »keltische Muse mit den Fingern einer Fee«, spielt in Moulin-Mer, ihrer Lieblingsbucht, nur ein paar Kilometer von der Pointe d'Armorique entfernt, aber weit genug vom aggressiven Leben einer Großstadt. Zusammen mit ihrem Mann und ihren beiden Kindern lebt Gwenaël, die »Neue« auf dem Gebiet der Harfe, im Zauberwald von Cranou, unweit des Atlantiks.

Das sanfte Meer, das von Sehnsucht kündet, will Gwenaël in ihrer Lieblingsbucht Moulin-Mer unweit von Brest zum Klingen bringen.

Das sanfte Meer, das von Sehnsucht kündet, hat es ihr angetan, diese Seite des Meeres will sie zum Klingen bringen. Als die 1975 geborene Bretonin das etwas melancholische Stück *L'appel de l'océan* (Der Ruf des Ozeans) komponierte, stellte sie sich – ähnlich wie Kristen – vor, wie die Kutter in See stechen, die Matrosen ihre Familien verlassen und die Frauen an Land zurückbleiben.

Beide Musikerinnen sind ohne ihr Instrument nicht denkbar, beide gehören zu den besten Harfenistinnen Frankreichs, beide leben im Finistère.

Kristen Noguès ist in einer bretonischen Familie im »Exil« in Versailles aufgewachsen, mit Unterricht in Breizh, der Sprache der Bretonen, mit Klavierstunden und keltischer Musik. Mit acht Jahren begegnete sie Denise Megevand, der Königin

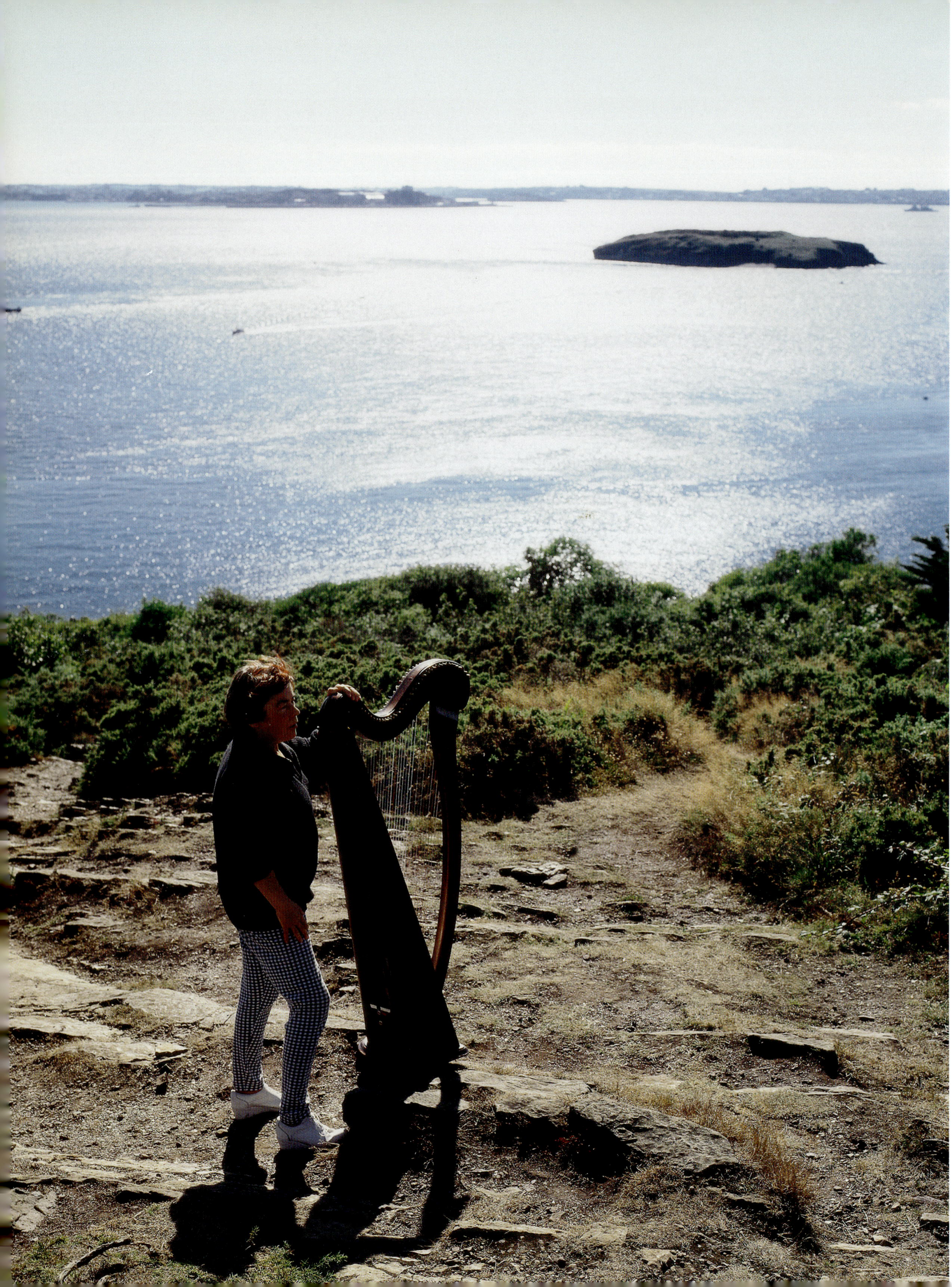

der keltischen Harfe, bei einem Konzert in Paris. Für Kristen waren das magische Klänge, es war Liebe auf den ersten Blick. Schnell überzeugte das kleine Mädchen den Vater, wie notwendig für sie ein Wechsel des Instruments sei, und nahm fortan Harfenstunden bei Denise Megevand. »Das war wie eine Süßigkeit für mich, ein wahres Vergnügen.« Im Konservatorium von Versailles lernte sie auch klassische Harfe, doch beim Spielen empfand sie nicht die gleiche Erregung und kehrte bald zur keltischen Harfe zurück. »Es ist ein sehr körperliches Verhältnis, man umschlingt das Instrument, es ist wie eine Umarmung«, sagt Kristen Noguès, »es besitzt im Unterschied zur großen klassischen Harfe nur rund 46 Saiten.« Die keltische Harfe, auch *telenn* genannt, wurde im 5. Jahrhundert n. Chr. in die Bretagne gebracht, sie begleitete Gesänge und Gedichte im Mittelalter, geriet dann aber in Vergessenheit. In den letzten dreißig Jahren eroberten Frauen wie Kristen Noguès und Gwenaël Kerléo die bretonische Harfe, die als weibliches Instrument gilt, früher aber eher von Männern gespielt wurde.

In den 1970er Jahren erlebte die keltische Kultur eine Renaissance. Die damals 21-jährige Kristen hängte ihr Philologie-Studium an den Nagel, kehrte Paris den Rücken, schloss sich einem *cercle celtique* an, einer dieser Kulturgruppen, die in jener Zeit wie Pilze aus dem Boden schossen. Sie sang *kan ha diskan* – jene Art des Singens zu zweit, bei dem ein Sänger das aufgreift, was der andere gerade gesungen hat –, und bei einem *festnoz,* einem der berauschenden bretonischen Nachtfeste, fragte sie ein Musiker, ob sie auch keltische Harfe spiele. Damals beherrschte außer Alan Stivell

Beim Zupfen der Saiten an der blaugrünen Pointe d'Armorique reisen Kristens Gedanken zu den Fischern und den schweigenden Frauen.

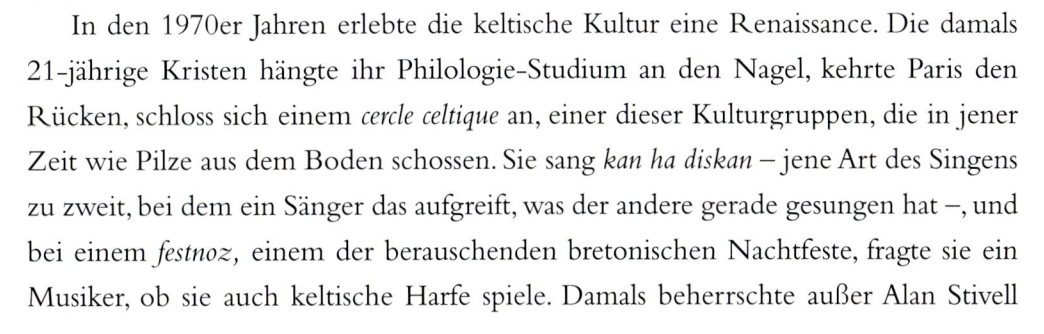

KRISTEN NOGUÈS UND GWENAËL KERLÉO

kaum jemand dieses Instrument. Das war der Beginn einer produktiven Zusammenarbeit und einer alternativen Wohngemeinschaft. Zusammen mit Dichtern, Sängern und traditionellen Musikern gründete Kristen die Kooperative Névénoé – eine Anspielung auf den ersten bretonischen König Nominoé. Zwischen 1972 und 1979 produzierte die Gruppe eigene Schallplatten und ging in ganz Frankreich auf Tournée. 1977 zog Kristen Noguès mit ihrem damaligen Mann, einem Arzt, und ihrem Baby nach Kernelec, einem kleinen Dorf in den Monts d'Arrée, den bewaldeten Bergen im Zentrum der Bretagne. Dem An- und Abschwellen des Glockentons im Wind in einer Dorfkapelle der Monts d'Arrée hat Kristen Noguès später eine ihrer Kompositionen gewidmet: *Kleier* (Glocken).

Mit Harfenklängen ist auch Gwenaël Kerléo aufgewachsen. Als sie klein war, haben ihre Eltern Musik des Barden und Harfenisten Alan Stivell aufgelegt, wenn sie weinte – und sie beruhigte sich sofort. Später brachte ihre Lehrerin eine Harfe mit in die Schule und das sechsjährige Mädchen erklärte zu Hause: »Eines Tages werde ich Harfe spielen.« Sie war hartnäckig, und ihre nicht musikalischen Eltern waren einsichtig. Drei Jahre später begann sie mit dem Unterricht. Mit 18 Jahren erwarb Gwenaël ihr Diplom für keltische Harfe am Konservatorium von Brest, mit Auszeichnung. Es folgte eine Ausbildung als Krankenschwester, noch war die Zukunft nicht entschieden. Die Begegnung mit der Musikgruppe Triskell und der Unterricht bei dem Harfenisten Hervé Kefféléant gaben schließlich den Ausschlag: Gwenaël entschied sich für Harfe und Komposition. »Um weiter Musik machen zu können, musste ich selbst komponieren.«

Und sie besann sich auf keltische Traditionen. In *Tir Na Nog* erzählt sie vom Land der ewigen Jugend, der Insel Avalon, die man nach dem Tod erreicht. Dort sollen auch Elfen, Feen und *korrigans,* die bretonischen Heinzelmännchen, wohnen, die sich so manchen Scherz erlauben, den Bauern aber auch behilflich sein können. Gwenaël liebt das Heitere. Die junge Frau mit der engelhaften Erscheinung lässt sich von ihren »inneren Stimmungen« leiten. Sie möchte eine »Botschaft der Heiterkeit« überbringen und wirkt wie eine gute Fee, die überall Harmonie schaffen will – ihr letztes CD-Album *Chemin de brume* (Weg des Nebels) haben Musiktherapeuten als »hervor-

ragendes Hilfsmittel für ihre Sitzungen« bezeichnet. In *Terre celte* besingt sie die bretonischen und irischen Ufer, das Weggehen, das Exil, die Freude der Rückkehr zu den Wurzeln – und natürlich das Meer. »In der Bretagne spürt man die Gegenwart des Meeres sehr stark«, sagt sie und meint die sanfte, zarte, sehnsüchtige Seite des Wassers, die natürlich auch ihre Musik beeinflusst.

Auch Kristen lässt sich vom reichen kulturellen Erbe der Bretagne inspirieren. Im Unterschied zu Gwenaël bevorzugt sie jedoch die dramatischen und tragischen Geschichten – wie in ihrem Klagelied *Gwerz maro Pontkalleg* (Der Tod von Pontkalleg), in dem der lange Kampf der Bretonen um die Unabhängigkeit von Paris besungen wird. Neben der Vertonung bretonischer Sagen übernimmt Kristen auch Auftrags-

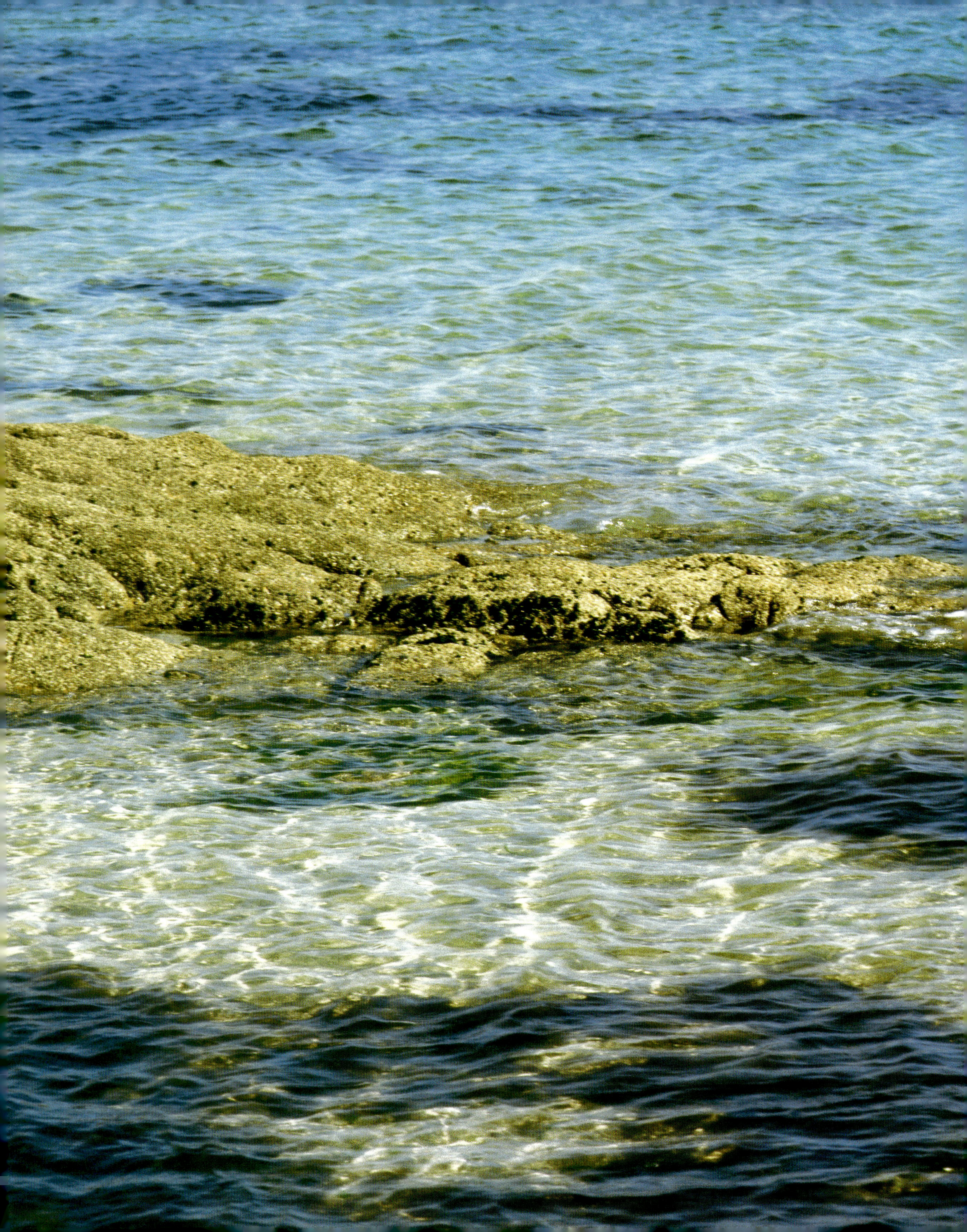

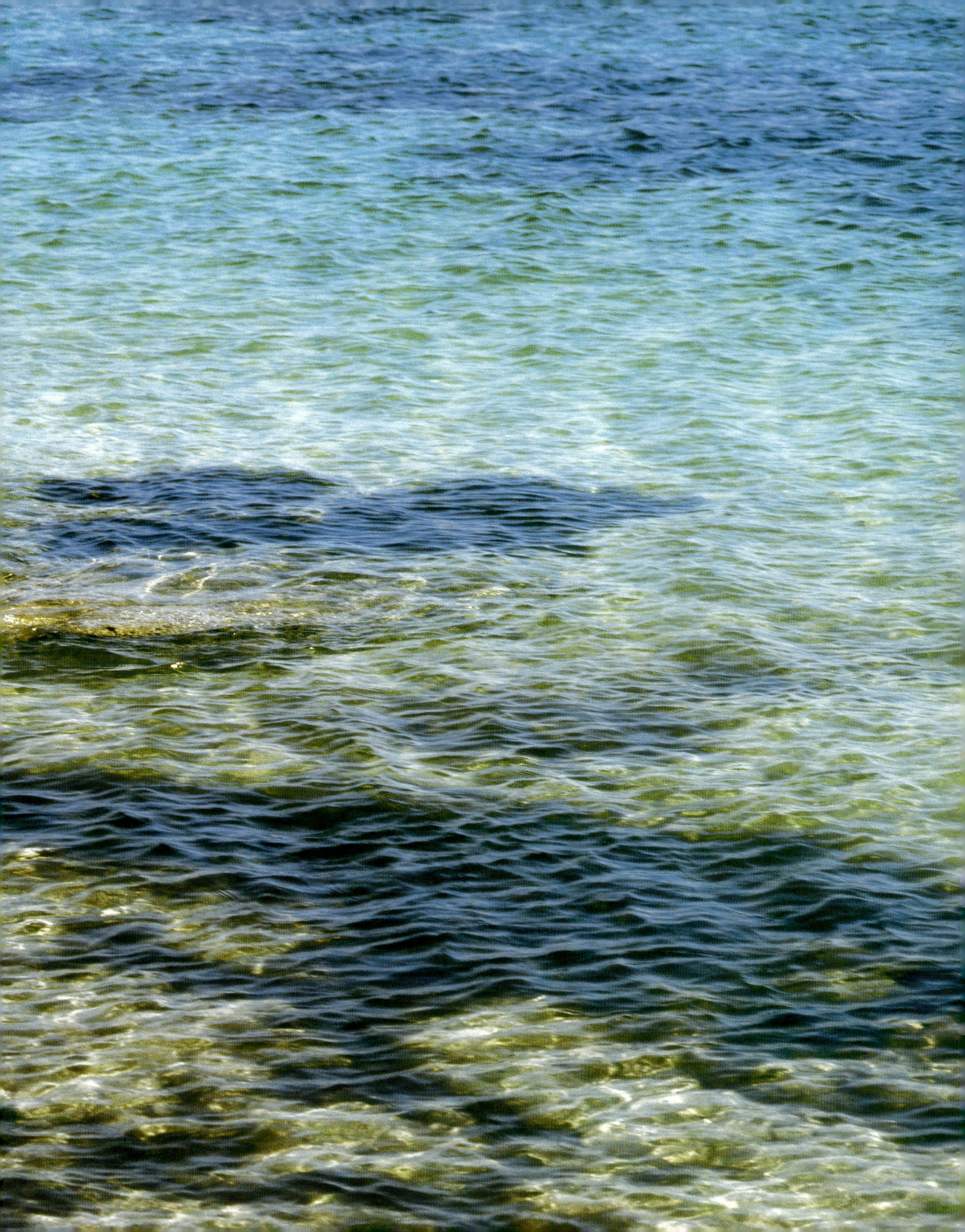

arbeiten. »Die Inspiration kommt und geht«, sagt sie, »wie Ebbe und Flut.« Kristen verlässt gern ausgetretene Pfade, spielt mit den Klängen, lässt der Fantasie freien Lauf. Sie vertraut ihrem Gehör, folgt ihren inneren Stimmungen. Und sie ist offen für Experimente. So spielt sie auch mit bekannten Jazzmusikern wie dem Gitarristen Jacques Pellen.

»Meer und Musik sind sich so ähnlich«, meint Kristen Noguès. »Das Warten, die Stille, die Angst finden sich in beiden. Das Meer kann spiegelglatt sein, es ist aber nie ganz still. Es kann gewaltsam und ungestüm sein und es kann toben.« Wie die Musik. »Und es ist zugleich frei und grenzenlos.« Für die kleine Frau mit dem rotschwarzen Haar ist das Meer etwas sehr Sinnliches: »Die Farbe, die man einem Stück gibt, kann schwermütig, heiter, melancholisch und düster sein, sie hängt ab von der Art, wie man spielt, interpretiert oder komponiert. Mit dem Meer verhält es sich ähnlich. Seine Farben wechseln von Blau zu Dunkelgrau, über Violett, Smaragdgrün oder Anthrazit.«

Gwenaël Kerléo hat eine Zeit lang am offenen Meer gewohnt, seine Unendlichkeit flößte ihr jedoch Angst ein: »Das Meer hat etwas Unberechenbares, das widerspricht meiner Persönlichkeit.« Was ihr dagegen gefällt, ist die Begegnung zwischen Land und Meer, wie an der Küste von Moulin-Mer in der natürlich geschützten Rade de Brest, einem Ort, an den sie immer wieder zurückkehrt.

Ob bewegungslos oder stürmisch, ob beruhigend oder bedrohlich – wie die keltische Harfe gehört das Meer zum Leben und zur Musik der beiden Künstlerinnen.

Das Meer schlägt gegen die leuchtenden Felsen, »wiederholt sich Welle um Welle«, so besingt es der bretonische Dichter Guillevic.

KRISTEN NOGUÈS UND GWENAËL KERLÉO

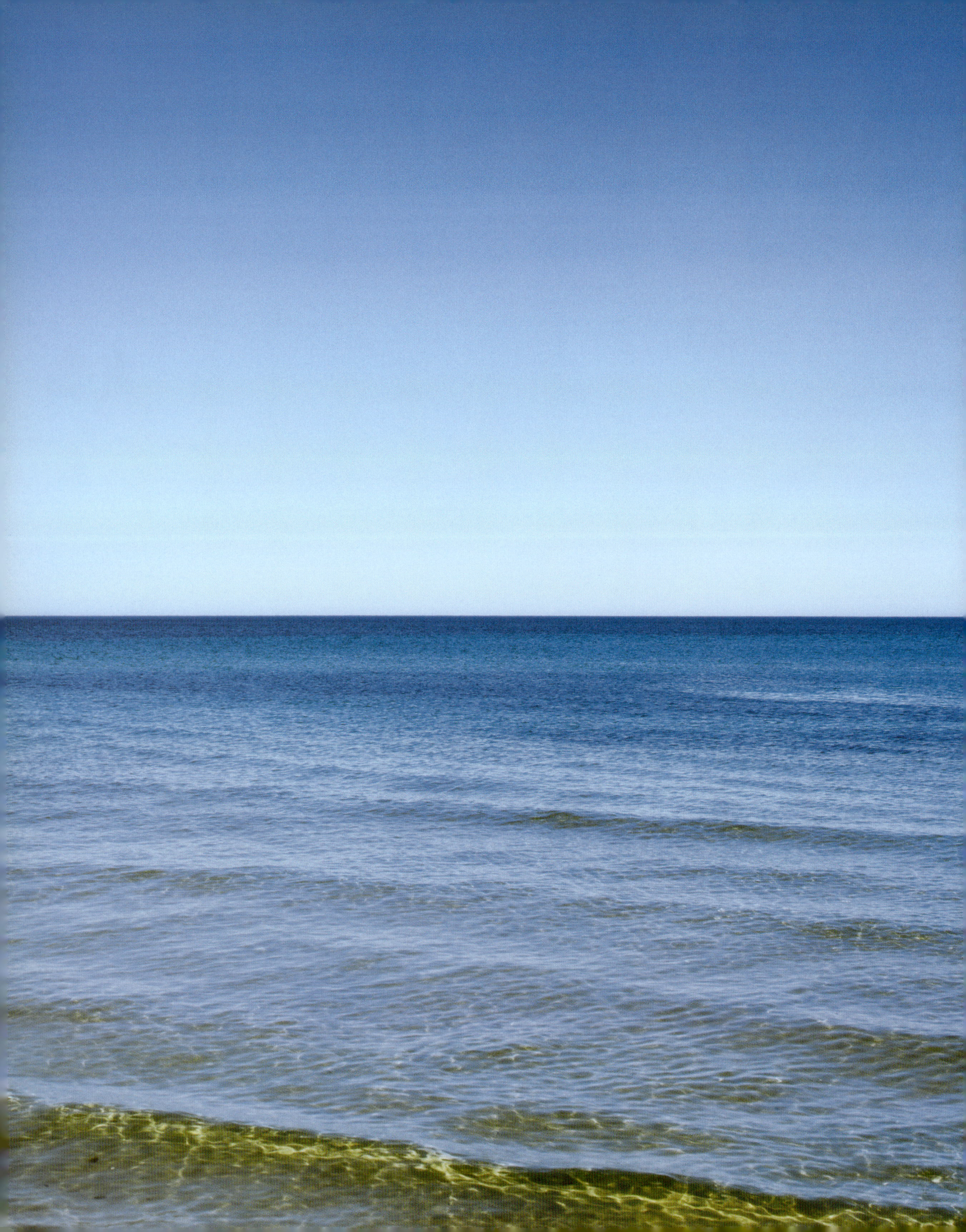

HANNE WANDTKE
Choreografin

Das bunte Knäuel entknotet sich, Gestalten in Blau, Rot, Orange und Violett winden sich im Sand, schnellen hoch, verknäulen sich erneut und ziehen dann jede ihre eigene Bahn. Das Meer rollt in gleichmäßigen Wogen heran und zieht sich wieder zurück, es strahlt azurblau wie der weite Himmel, nur der Horizont setzt eine Grenze. In der Ferne bläht sich bauchig ein weißes Segel, in der Nähe drehen sich rasend schnell bunte Spielzeugwindmühlen. Die Gestalten bewegen sich im tiefen Sand, und zu tanzen ist nicht leicht, denn der Sand lässt die Körper schwer wie Blei werden. Aber Hanne Wandtke will Leichtigkeit sehen. In einem schwarzen T-Shirt mit dem aufgedruckten Logo der Palucca Schule Dresden – der Hochschule für Tanz – und einem spitzen, selbst gebastelten Hut aus Papier fordert sie von ihren Studentinnen und Studenten energisch immer wieder Schwerelosigkeit. Sie stimmt ein »Vogelgezwitscher« an, spornt die drei jungen Trommelmusiker zu einem lang gezogenen brodelnden Ton an und tanzt zwischen den

»Das Meer kann rauschen, es kann still sein, es kann brodeln, es kann plätschern. Das Meer ist voller Wunder.«

bewegten Reihen. Sie verteilt blaue Tücher und lädt per Megaphon-Papiertüte zur Vorstellung der fantasievollsten Sommerkostüme auf Hiddensee ein. Das vermittelt Lebendigkeit, aber ganz zufrieden ist die Professorin nicht, sie erwartet mehr Körperspannung und Konzentration, sie macht vor, was sie sehen will, und improvisiert.

Die 62-jährige Hanne Wandtke ist Prorektorin für künstlerische Praxis an Dresdens Tanzhochschule und steht in der Tradition von Gret Palucca (1902–1993), einer der wichtigsten Vertreterinnen des Ausdruckstanzes, des »Neuen Künstlerischen Tanzes«. Die in den 1920er Jahren entstandene Art zu tanzen hat für Hanne Wandtke ganz selbstverständlich eine Zukunft: »Das kreative Tanzen aus der Idee heraus drückt sich in Bewegung aus, die in eine Form gebracht wird«, erklärt sie. »Kunst stellt sich von innen nach außen dar.«

Die bewunderte Lehrmeisterin Gret Palucca hat stets klar gemacht, dass man als Tänzer einen gut funktionierenden Körper und schöpferische Kraft haben muss. Für die Tänzerin und Pädagogin Hanne Wandtke bedeutet Tanz Sprache.

Kreativ sein, ganz aus dem Moment heraus – Hanne Wandtke improvisiert und ist in ihrem Element.

Im Vergleich zu den eher untrainierten Körpern der FKK-Urlauber und den sich lässig drehenden jungen Gestalten wirkt die energiegeladene ältere Tänzerin mit den weißen Tüchern wie aus einer anderen Welt. Der Gegensatz steht auch für eine bestimmte Lebenseinstellung, weist hin auf Ästhetik und Disziplin.

Zu der Tradition der in Deutschland einzigartigen Palucca Schule Dresden gehören die alljährlichen Tanzwochen auf Sylt und Hiddensee. »Paluccas Dritte Insel« war, so Wandtke, die Dresdner Schule. Die bekannte Künstlerin, die noch bis ins hohe Alter durch das 20. Jahrhundert tanzte, liebte Hiddensee, die Insel, die in den 1950er Jahren zu ihrem Feriendomizil wurde. Eine Begeisterung, die sie mit dem Schriftsteller Gerhart Hauptmann und den Schauspielerinnen Asta Nielsen und Henny Porten teilte. »Fischerhütten, schöne Villen, grüßen sich vernünftig freundlich«, schrieb ein anderer Dauergast, Joachim Ringelnatz. Ins »geistigste aller deutschen Seebäder« kamen Albert Einstein, Sigmund Freud, Käthe Kollwitz und Thomas Mann zu Besuch. Neben Hauptmann ist auch Palucca auf dem Inselfriedhof in Kloster begraben – unter einem Findling aus Granit mit der schlichten Aufschrift PALUCCA. Diesen Ort der Ruhe und Stille hatte sie sich selbst ausgesucht. Die Tänzerin mit dem berühmten Sprung, die seit Anfang der fünfziger Jahre jeden Sommer auf die Insel fuhr und sich 1960 ein Haus mit Reet gedecktem Dach wenige Meter hinter dem Deich des Weststrandes bauen ließ, liebte es, neben Lesen, Sonnenbaden, Schwimmen und Spazierengehen in der Natur, am Meer zu tanzen.

Hiddensee wurde Palucca-Insel. Und so bewegt sich ihre Schülerin und Nachfolgerin Hanne Wandtke in diesen sommerlichen Tagen mit ihrer Klasse genau dort. Ob am weißen Strand von Vitte, an der Schwarzen Mühle oder am geschäftigen Hafen: »Raus ins Freie« heißt das Motto des Ausdruckstanzes, die Ostsee ruft. »Man kann seine tänzerischen Ideen auch am Meer verwirklichen«, so die Meisterin der Improvisation, »weil es eins der schönsten Dinge der Welt ist.« Das Meer drücke alles aus: »Es kann rauschen, es kann still sein, es kann brodeln, es kann auch plätschern, und es gibt sanfte Wellen. Das Meer ist voller Wunder.« Das meint die Tanzpädagogin nicht im esoterischen Sinne. Am Wasser tanzt sie nicht wegen irgendwelcher geheimer Kräfte, sondern weil Palucca es tat.

Hanne Wandtke fordert die einzelnen Studenten heraus, sie will sie motivieren, ihre Persönlichkeit mittels des Tanzes auszudrücken. Dass es spielerisch und mit Spaß geht, macht sie vor: Sie verwandelt sich für einen Augenblick in den trojanischen

Strahlendes Azur, tiefblaues Meer: Vor dieser Kulisse bewegen sich die bunten Gestalten im tiefen Sand.

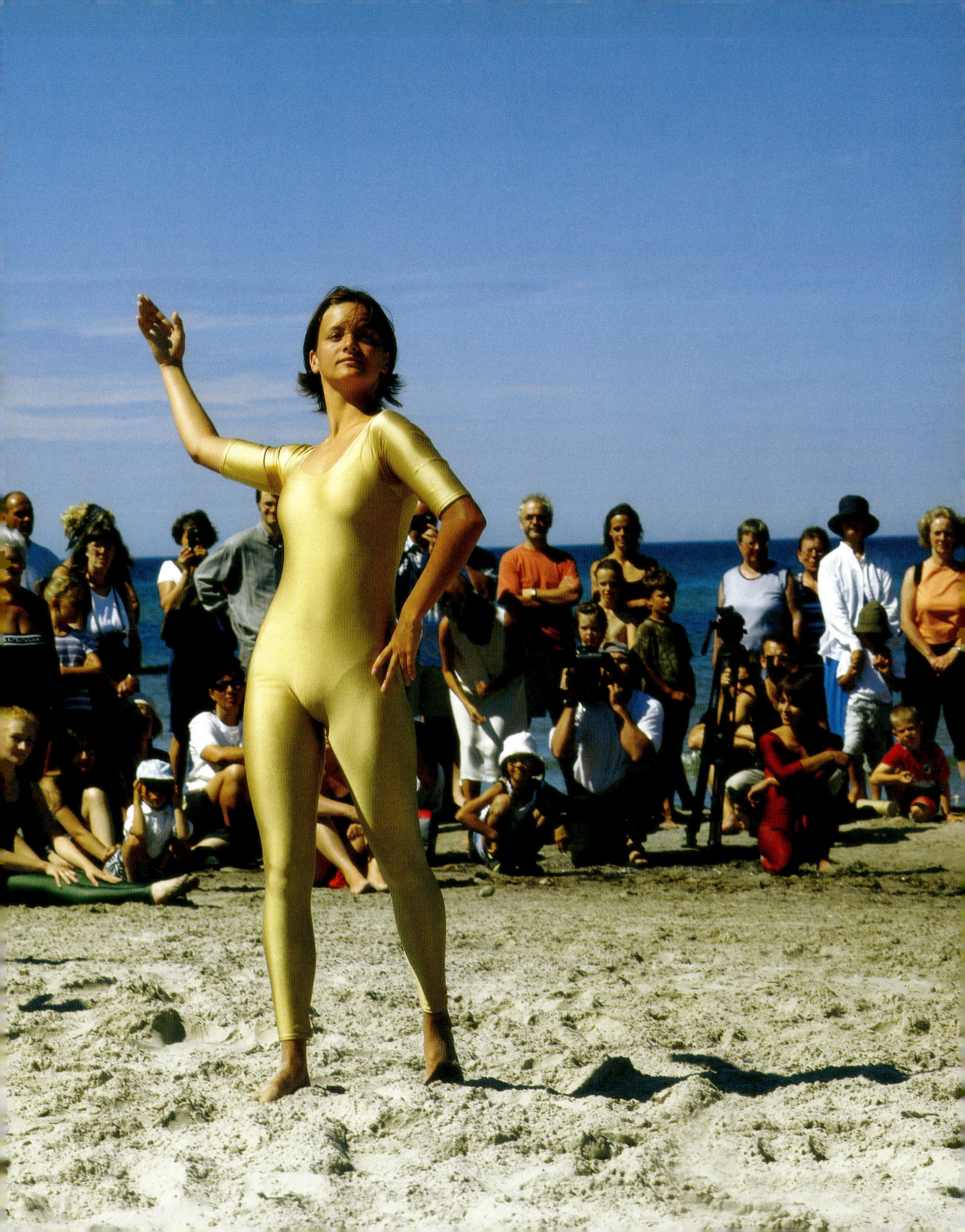

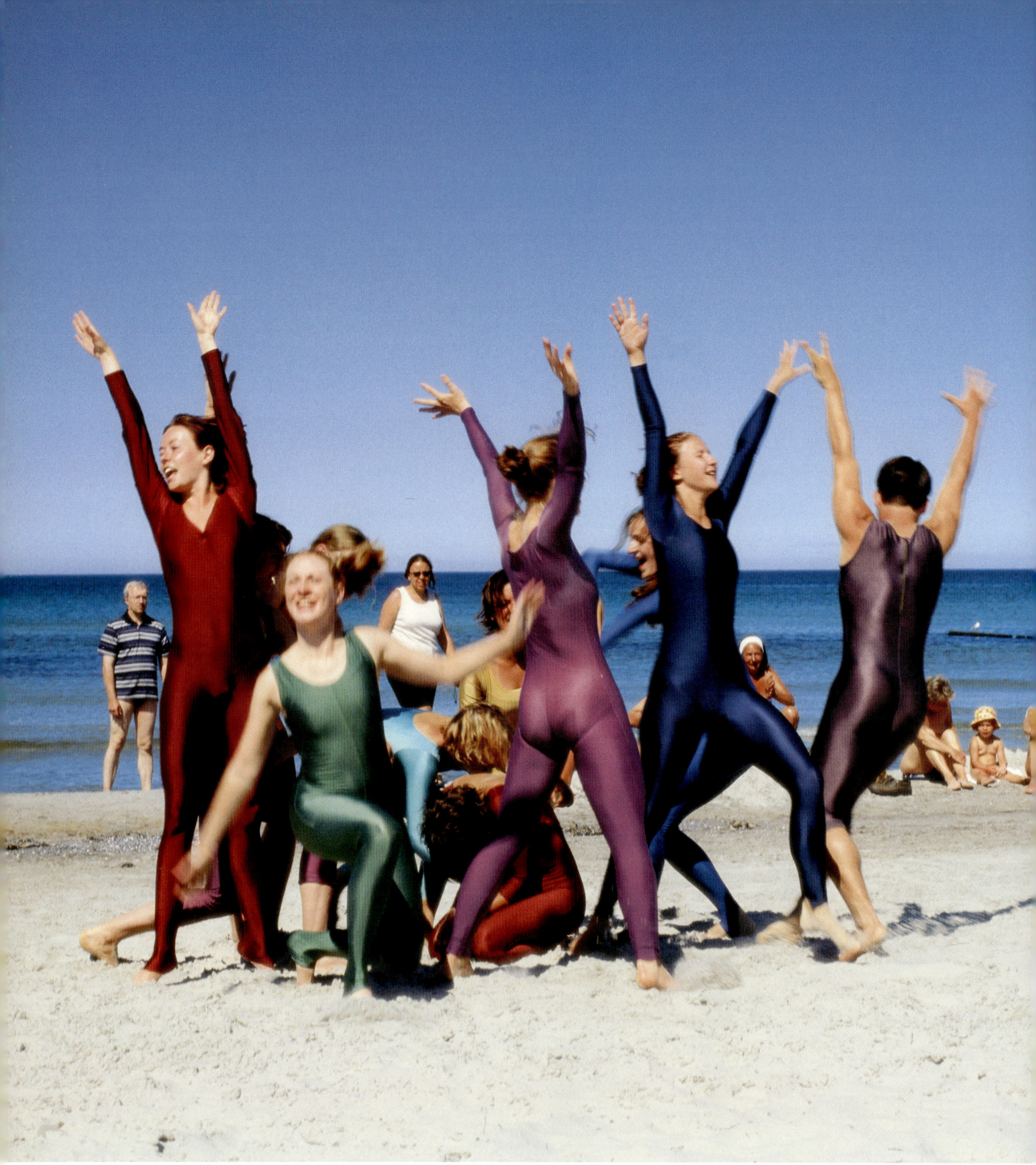

Helden Paris, zögert, um dann, in Abwandlung der griechischen Sage, den imaginären Apfel in Form eines Steins dem Schönsten der drei nackten Musiker zu widmen. Aus dem Augenblick zu schöpfen, darin liege der künstlerische Sinn. Dass sie die nächsten Tage tanzend auf Sylt verbringen wird, hat ebenfalls mit Palucca zu tun, die auch der Insel in der Nordsee innig verbunden war. Tanzen, lehren, organisieren, improvisieren: Hanne Wandtke ist in ihrem Element. Ist ihr Leben ein Spiel? Nein, es ist konzentriert, spannungsvoll und intensiv. Und es ist ein reiches, dem Tanz gewidmetes Leben. – Anlässlich des hundertsten Geburtstags von Gret Palucca wurde das Palucca Tanz Studio gegründet; als experimentierfreudiges Kammertanzensemble soll es die Palucca-Tradition lebendig halten und schöpferisch fortsetzen. »Ich lebe für die Palucca Schule Dresden, sie füllt mich aus«, sagt Hanne Wandtke, die nach der Anspannung während der Aufführung am weißen Strand von Hiddensee nachdenklich aufs blaue Meer schaut.

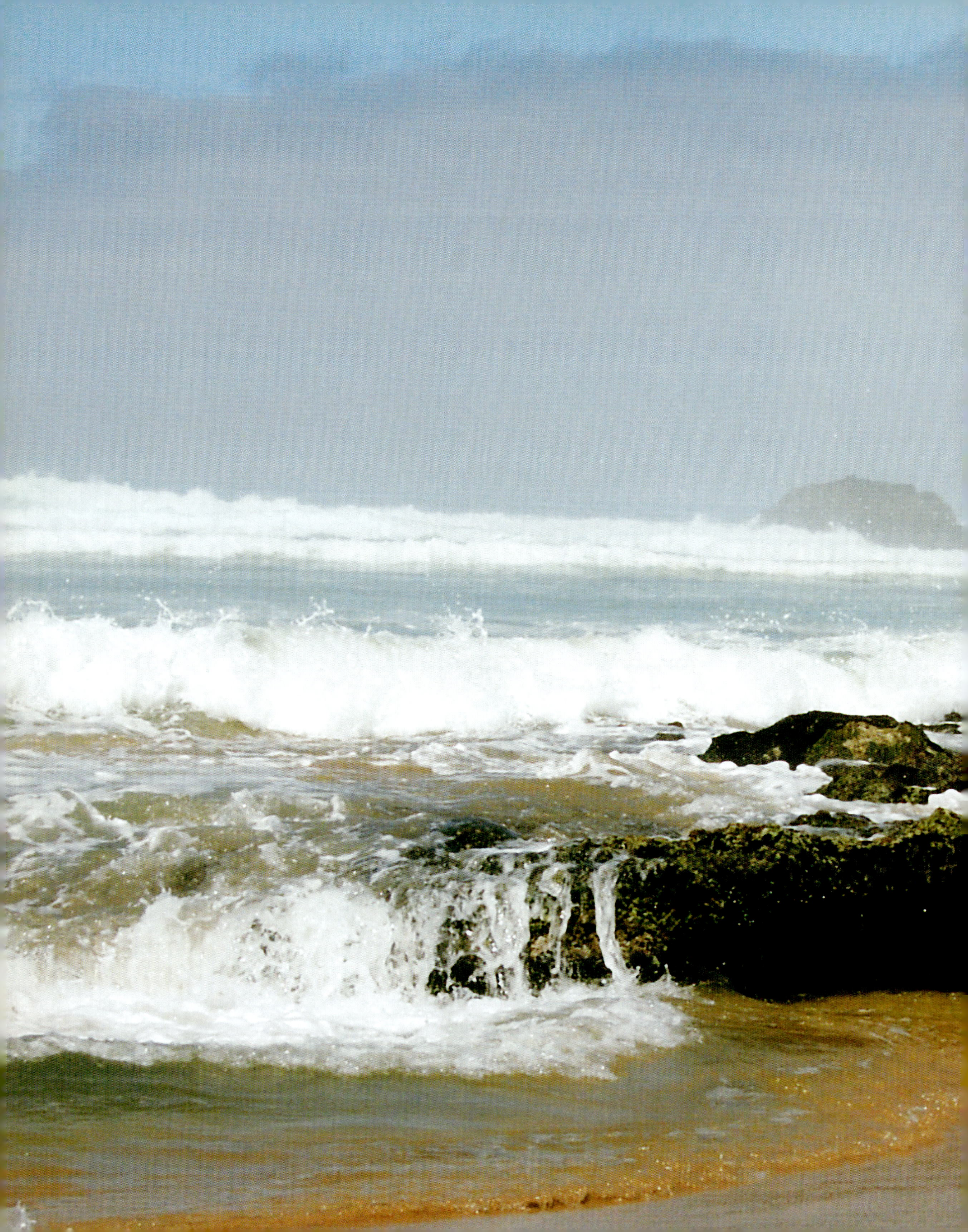

Rebellinnen des Meeres

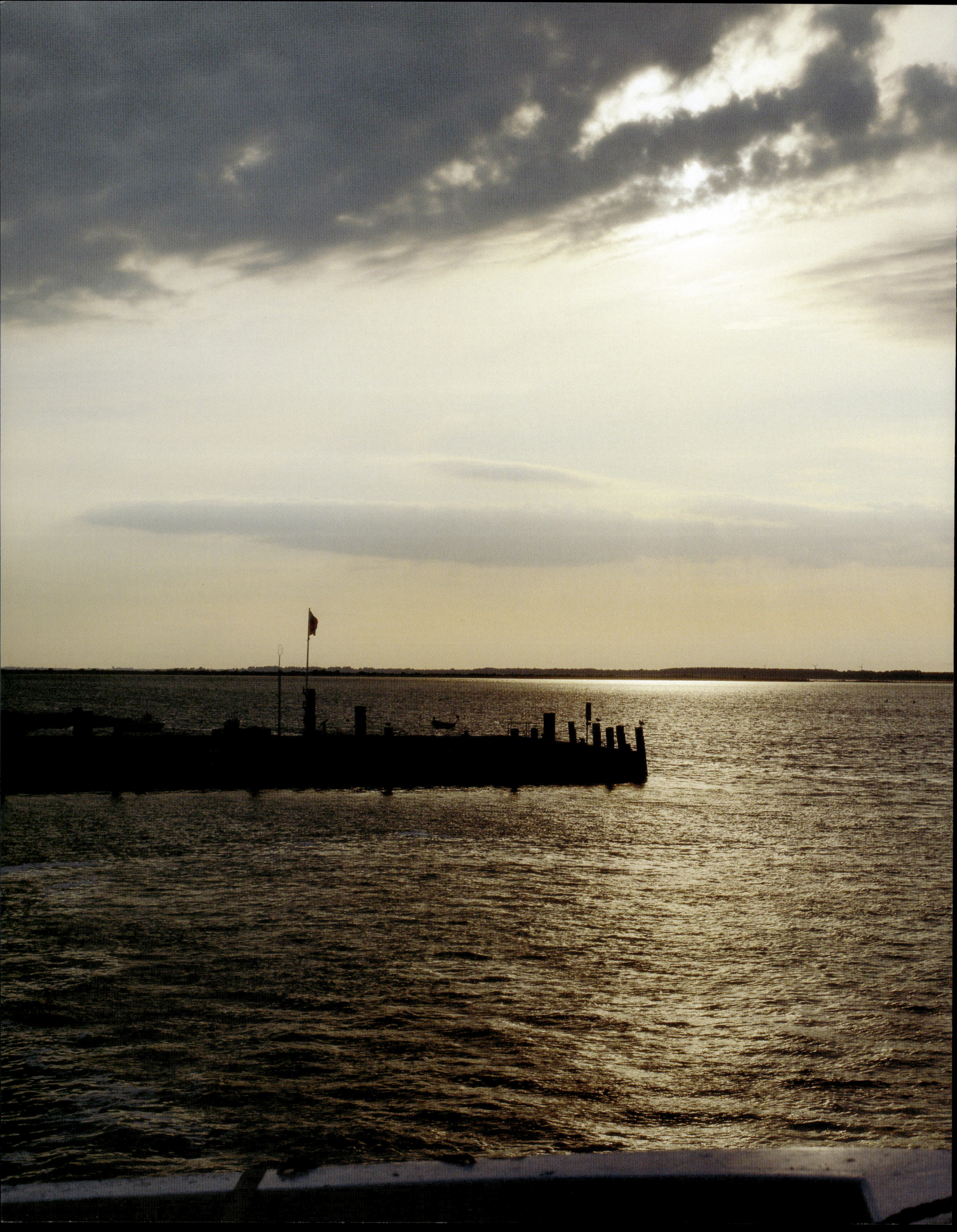

PEGGY BOUCHET
Ruderin

Natürlich hat die schlanke blonde Frau, die wir in der Kneipe Aux quatre vents im Hafen von Brest treffen, blaue Augen. Einen blauen Pulli trägt sie auch. Blau ist ihre Lieblingsfarbe, die Farbe ihrer Sehnsucht. Der Sehnsucht nach dem *grand bleu,* der unendlichen blauen Weite des Ozeans.

Diese Sehnsucht nach dem Grenzenlosen und der Wille, sich darin zu behaupten, waren es, die Peggy Bouchet dazu brachten, den Atlantik in einem Ruderboot zu überqueren, fünftausend Kilometer von den Kapverdischen Inseln zu den Antillen, mit achthunderttausend Ruderzügen in neunundvierzig Tagen. Sie war die erste Französin, der die Alleinüberquerung des Atlantiks im Ruderboot gelang.

»Immer wagen, manchmal nachgeben, nie aufgeben« – dieses Motto gab der Vater ihr für die großen Abenteuer ihres Lebens mit auf den Weg, als sie noch zu Hause in Savoyen, unweit des blauen, von weißen Bergen umgebenen Genfer Sees lebte. Schon das kleine Mädchen Peggy liebte die Natur und große Herausforderungen.

»Das Meer fordert Demut. Man weiß, dass man ihm nie überlegen sein kann. Man muss mit dem Meer gehen.«

Sie verschlang die Romane von Jules Verne, angelte in den Bergbächen Forellen und hielt nicht viel von Puppen. Viel lieber spielte sie mit Jungs, deren Spott »Das schaffst du nie« sie nur noch mehr antrieb. »Das schaffe ich doch!«, antwortete Peggy prompt, was ihr bald den Ruf einbrachte, selbst ein halber Junge zu sein. Und sie träumte von Reisen in ferne Lande.

Nach dem Abitur gewinnt die Jurastudentin 1992 ein Stipendium für eine Arbeit mit dem ungewöhnlichen Thema: »Der gesetzliche Schutz von schwarzen Perlen auf Tahiti«. Sie reist nach Polynesien und entdeckt ihre Leidenschaft für das weite blaue Meer. Nach einer Ausbildung in Navigation und Seelogistik in Plymouth vertieft Peggy sich in die Berichte der großen Seeabenteurer unserer Zeit: Florence Arthaud, die als erste Frau im Einhandsegler den Atlantik überwand, und Gérard d'Aboville, der als Erster den Atlantik und den Pazifik mit dem Ruderboot überquerte. In ihr reift der Wunsch, es ihren Helden nachzutun. Dafür kommt aber nicht irgendein Meer in Frage, sondern nur der Atlantik, der mythenumwobene Ozean, der bis ans Ende der Welt zu reichen schien, bis Christoph Kolumbus vor mehr als fünfhundert Jahren bewies, dass auch jenseits des großen Wassers Land ist.

Also Umzug ans »andere« Ende der Welt, nach Brest. In der bretonischen Hafenstadt mit ihren rauen Seeleuten und Fischern fühlt Peggy sich wohl. Der Entschluss,

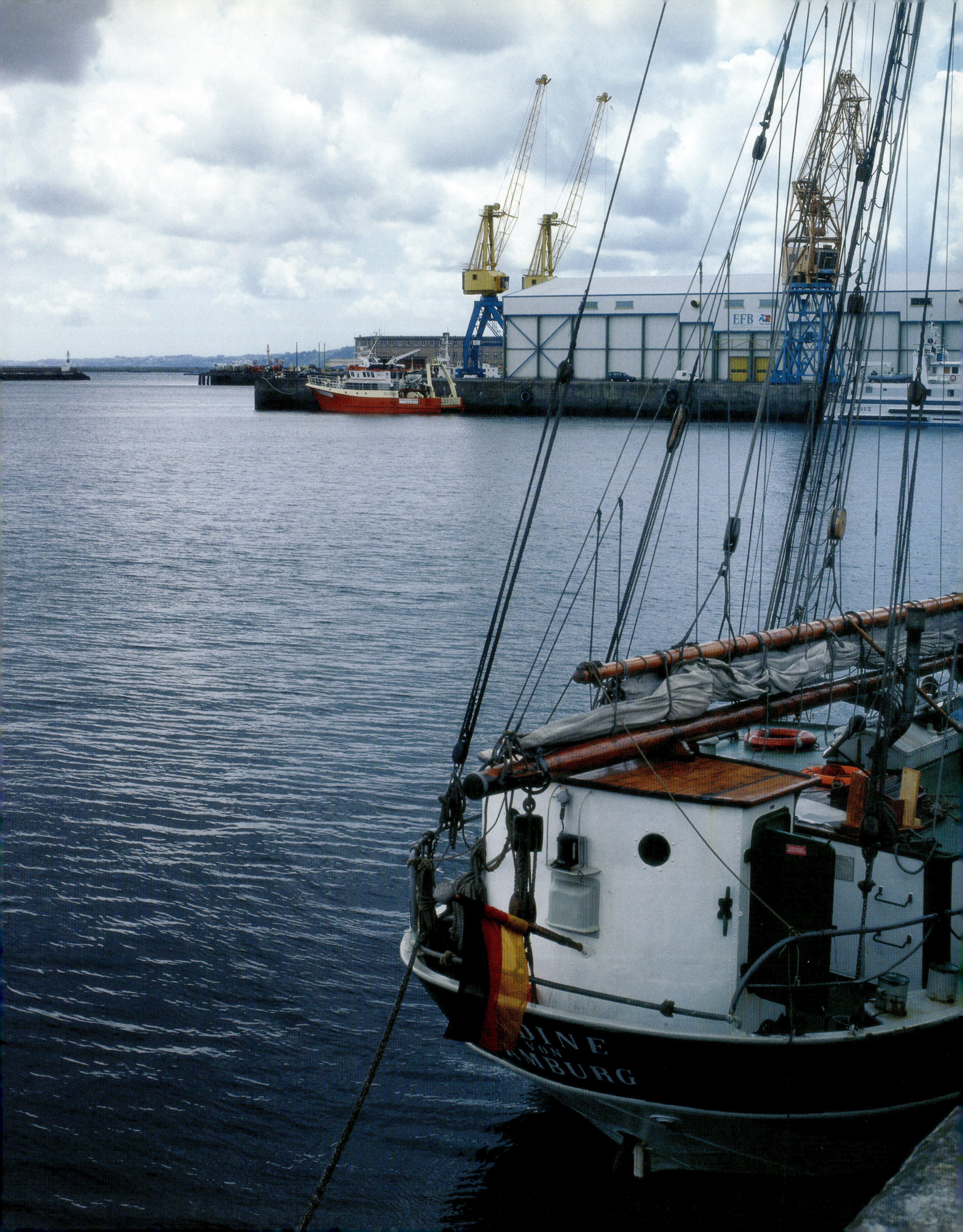
EFB
VON

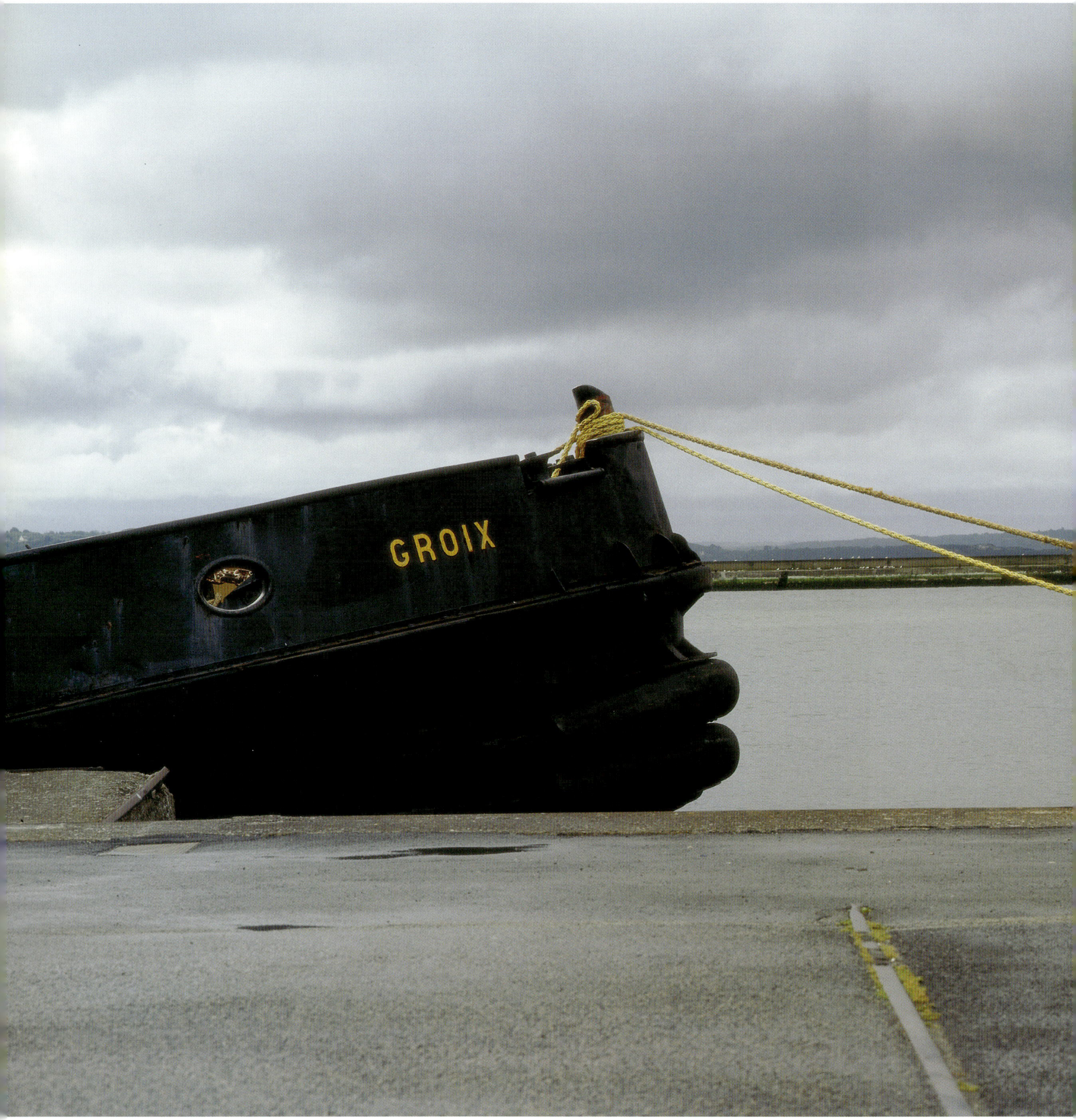
GROIX

Das Lied von Groix, einer Insel in der südlichen Bretagne, erzählt von den gefährlichen Seefahrten der armen Sardinenfischer.

den Atlantik zu überqueren, steht nun fest, sie will das ganz große Abenteuer erleben. Segeln kommt nicht in Frage: Dafür hätte sie jahrelang trainieren müssen. Also rudern: Rudern erfordert keine besonderen Kenntnisse. Und es gilt als Männersport, ein Aspekt, der die junge Frau besonders herausfordert.

Sie zögert zunächst, ob sie es allein wagen oder ob sie, aus Sicherheitsgründen, jemand Zweites an Bord nehmen soll. Doch sie entscheidet sich fürs Solo. Sie will nicht abhängig sein, von niemandem und erst recht nicht von den Schwächen eines anderen. Und sie will allein sein, allein mit dem Ozean. Zur Vorbereitung auf die weite Reise gehört eine Überquerung des Atlantiks mit drei Freunden im Segelboot, »um den Weg zu erkunden und die Sterne lesen zu lernen«. Daneben absolviert Peggy Meteorologie- und Funklehrgänge. Außerdem muss sie Sponsoren finden, ein besonders leichtes, aber solides Boot erwerben und umbauen. Das Boot heißt *Sector No Limits* – Peggy will Grenzen überschreiten –, und es strahlt in einem grellen Gelb, das natürlich mit blauen Streifen durchsetzt ist! Außerdem muss Proviant für die drei Monate dauernde Fahrt organisiert werden: Peggy entscheidet sich für 15 verschiedene, gefriergetrocknete Menüs mit Reis, Nudeln oder Gries sowie für einige Delikatessen wie Leberpastete und Süßigkeiten für schwierige Tage, zwanzig Liter Limonade- und Colagetränke sowie zwei Pumpen, um das Wasser zu entsalzen. Alles in allem kommt sie auf 75 Kilo Nahrungsmittel, zuzüglich neunzig CDs, zehn Büchern sowie Audiokassetten, darunter besonders lustige Filme, denn Peggy lacht gern, und auch ein Film wie *Im Rausch der Tiefe* darf natürlich nicht fehlen.

1998, Peggy ist 24 Jahre alt, ist es so weit. Bei dieser ersten Überfahrt rudert sie von den Kanarischen Inseln aus los, mit ihrem Boot – acht Meter lang und 280 Kilo schwer plus 420 Kilo Ballast bei Beginn der Fahrt. Die Kabine ist zwei Meter lang, ein Meter breit und achtzig Zentimeter hoch. Damit hat sie zwei Quadratmeter, auf denen sie die nächsten Wochen leben wird. Auch der Rat ihres Vaters – immer wagen, manchmal nachgeben, nie aufgeben – begleitet sie, vor allem während der

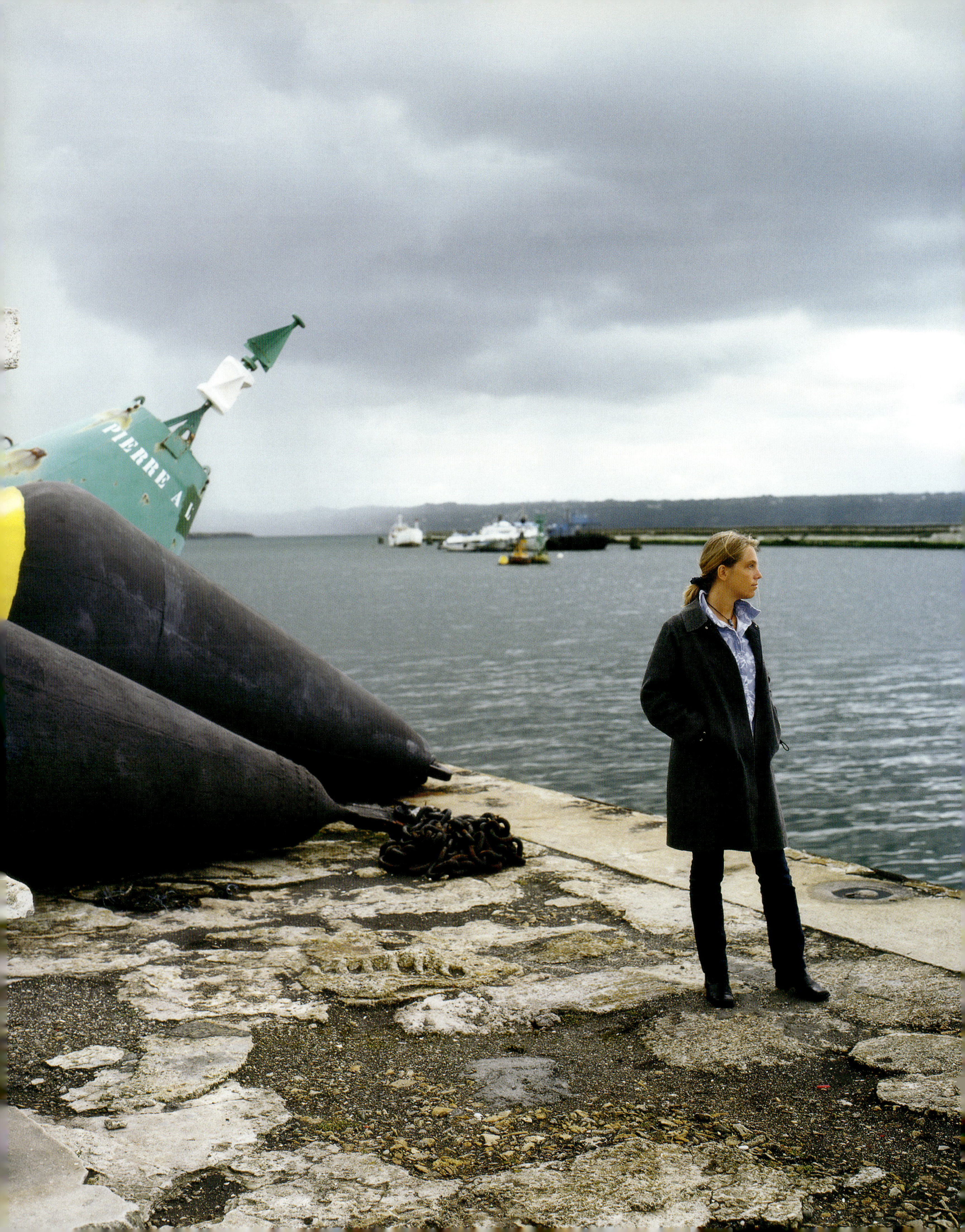
PIERRE A

schweren Stunden, in denen sie mit dem Ozean kämpft. Sie rudert, neun Stunden täglich, macht nur alle zwei Stunden eine Pause. Zwischen sechzig und hundert Kilometer pro Tag. Sie erlebt intensive Momente des Glücks, allein mit dem Meer und dem Licht, das sich so vielfältig in ihm bricht.

Noch 75 Seemeilen bis zum Zielhafen Pointe-à-Pitre auf Guadeloupe, der nächste Tag wird der Tag ihres Triumphs sein! Da passiert es: Das Meer ist schwarz und bedrohlich, ein gewaltiger Seegang treibt das Boot voran, das von einem sechs Meter hohen Brecher erwischt wird. Das Boot kentert, Peggy fällt ins Wasser. Fünfzehnmal muss sie tauchen, um wenigstens das Rettungsmaterial aus dem kieloben treibenden Boot zu holen. Sie schießt die Signalraketen ab. Neun lange Stunden wartet sie, ihr Leben hängt nur noch an einem seidenen Faden. Peggy wird gerettet, aber sie hat die Übermacht des Ozeans gespürt, hat nachgeben müssen.

Aufgegeben hat sie aber nicht. Sechs Monate später fasst sie den Entschluss, es noch einmal zu versuchen. Sie kann nicht mit ihrer Niederlage, der Last, etwas nicht zu Ende geführt zu haben, leben. Im November 1999 rudert sie erneut los, diesmal von den Kapverdischen Inseln aus. Die unbeschwerten Momente des Glücks sind bei dieser zweiten Ozeanüberquerung seltener. Immer wieder ist die Angst da, zu kentern: »Es war wie eine Narbe, die sich ab und an öffnet«, berichtet sie. Sie weiß, dass sie sich diesmal keine einzige Nachlässigkeit leisten kann.

Während der 49 Tage auf dem Atlantik nimmt Peggy viel auf sich, doch unter Einsamkeit leidet sie nie. Sicherlich gibt es schwierige Augenblicke, nachts vor allem, wenn der Rücken wehtut und die Ängste erwachen. Doch sie bleibt Herrin ihrer selbst: »Ich will mich nicht damit begnügen, einfach zu leben. Ich will handeln, nicht erdulden. Sterblich sein heißt, das Leben zu riskieren; wirklich leben heißt, seine Risiken selbst auszusuchen.« Konzentriert steuert sie ihr Boot – und kann im Januar 2000 ihren Sieg feiern. Über ihre Erlebnisse schreibt sie ein Buch: *Ma victoire sur l'Atlantique* (Mein Sieg über den Atlantik). Nach dieser erfolgreichen Atlantiküber-

Im Hafen von Brest, einem der Lieblingsplätze von Peggy, werden die bunten Bojen repariert und gelagert.

querung wird sie von den Medien als »Sirene des Atlantiks« gefeiert, Staatspräsident Jacques Chirac lobt ihren »außerordentlichen Mut«, Premierminister Lionel Jospin betont: »Sie haben auf Ihre Art die Idee vorangetrieben, dass Frauen ihren Platz in der Gesellschaft uneingeschränkt einnehmen sollen.«

Wenn Peggy heute in der Kneipe Les quatre vents von ihrer zweiten großen Fahrt erzählt, leuchten ihre Augen intensiv blau. »Das Meer, das ist alles. Das sind die Launen, das Sanfte, die Schmerzen. Das sind die Stürme und die Stille. Es ist fast wie in einer Beziehung zu einem Mann. Wenn man verliebt ist, akzeptiert man alles.«

Peggy Bouchet tritt dem Ozean nicht mit der Siegesgewissheit und der Arroganz der Eroberer gegenüber. Das Meer erfordert Demut: »Man ist völlig entblößt, man kann nicht lügen, man entledigt sich alles Oberflächlichen und Unnützen. Man weiß, dass man ihm nie überlegen sein kann. Man muss mit dem Meer mitgehen.« Vielleicht hat sie gerade deshalb die Belastungen der Überquerung durchgehalten. Hinzu kommt ihr eiserner Wille: »Ich dachte nur an das Ziel.« Der Ehrgeiz und dann der Stolz, etwas zu schaffen, was bisher keiner Frau gelungen ist, spornten sie an.

Peggy Bouchet hat sich behauptet und behauptet sich weiterhin, zum Beispiel als Unternehmerin von »Odyce«, einem »Ein-Frau-Unternehmen«, das im Bereich Logistik und Kommunikation arbeitet und mit dem sie ihr Image pflegt. »Odyssee« sollte ihr Unternehmen eigentlich heißen, der Name war aber bereits vergeben. »Odyce« steht für die Lust auf Reisen und Abenteuer. Zurzeit ist Peggy Bouchet in Frankreich unterwegs, um Vorträge über ihre Atlantiküberquerung zu halten.

Aufgeben wird sie nie. Aber, wer weiß? Vielleicht wird sie noch einmal der Versuchung des Ozeans vor ihrer Tür in Brest nachgeben und ein neues Abenteuer wagen.

Peggy geht gerne in die Kneipe direkt am Hafen und träumt von ihrer erfolgreichen Atlantiküberquerung.

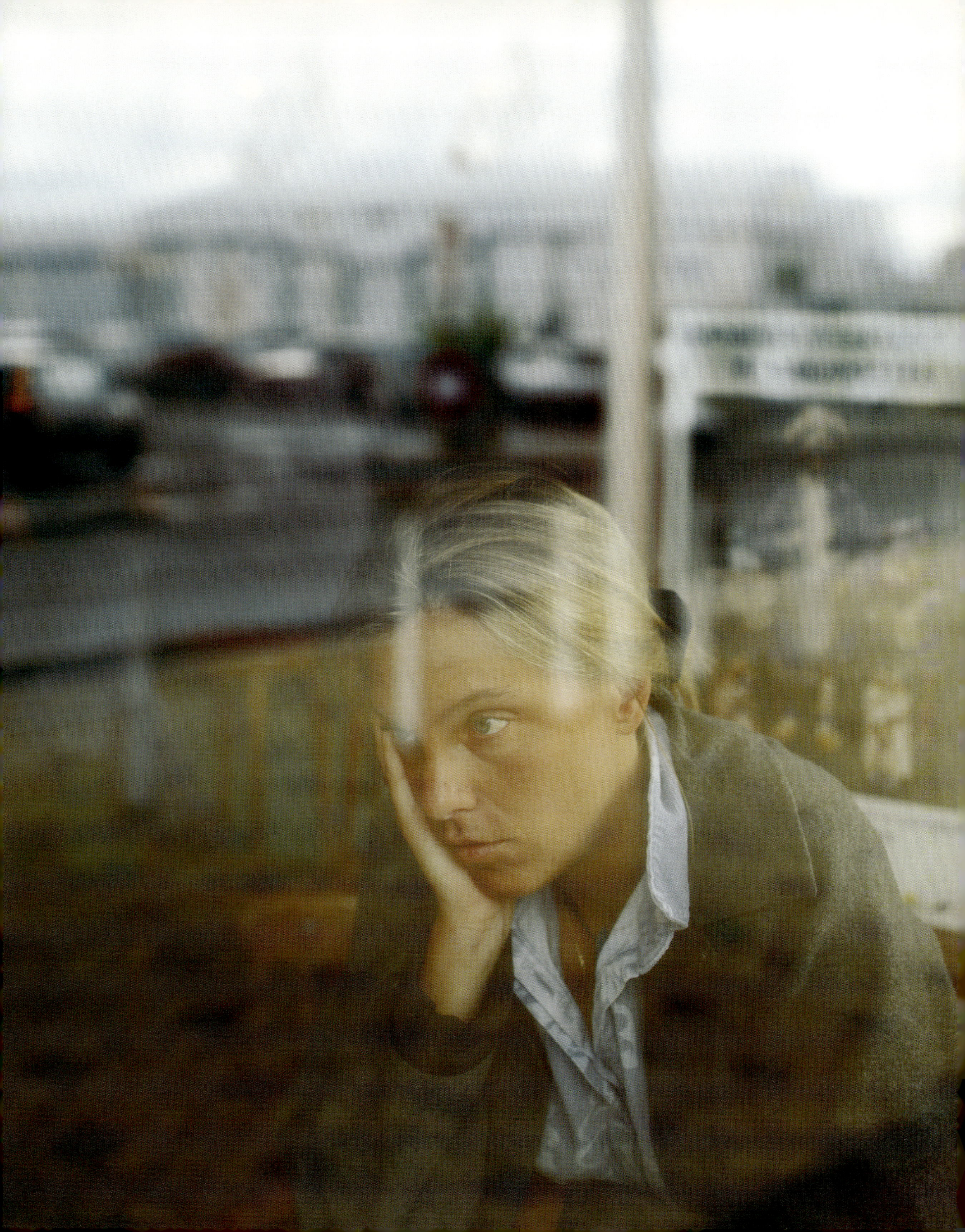

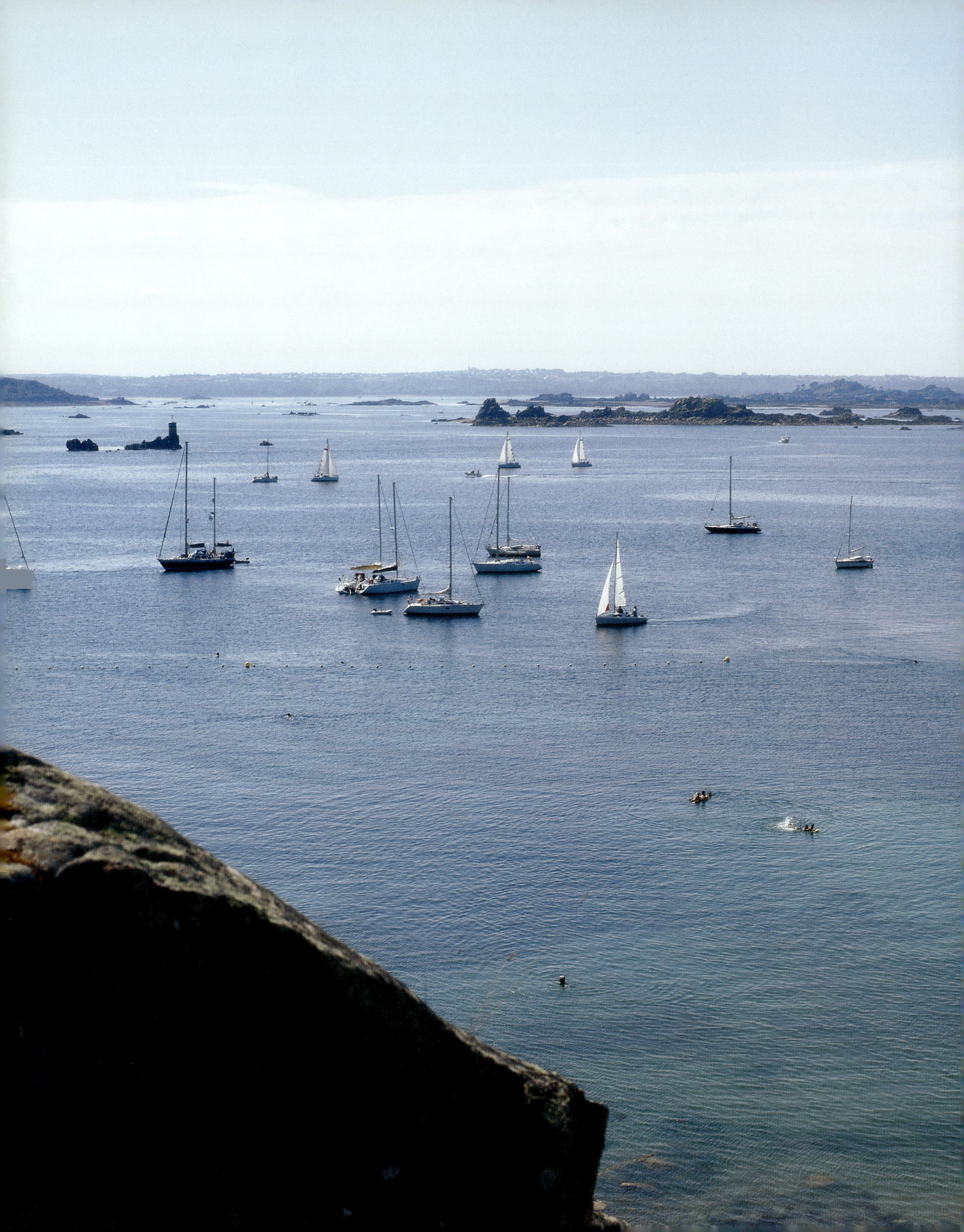

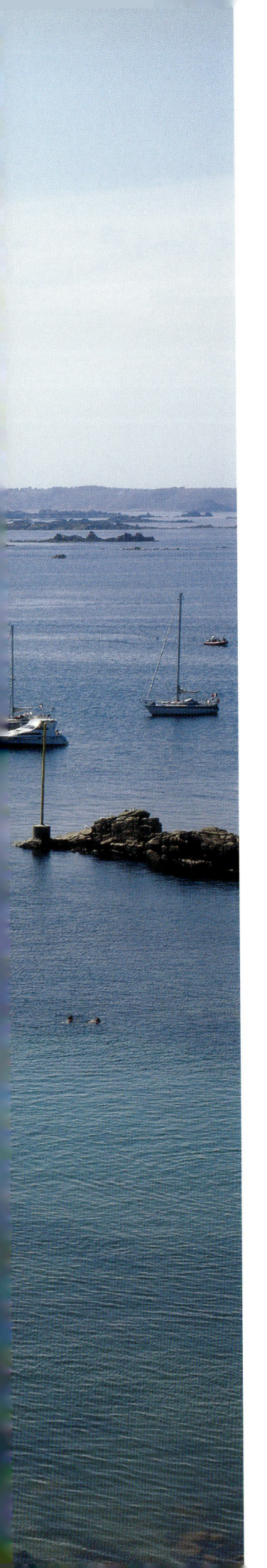

MARIE-JO CHOMBART DE LAUWE

Widerstandskämpferin

Ich bin nicht mehr lebendig, sondern für dieses Leben tot, ich gehöre nicht mehr zu dieser Welt.« Marie-Jo Chombart de Lauwe ist gerade 22 Jahre alt geworden, als sie diese verzweifelten Zeilen 1945 in ihr Tagebuch schreibt. In Ravensbrück hat sie mit ihrer Mutter die Hölle des Konzentrationslagers zwar überlebt, der Vater kehrt aus Buchenwald aber nicht zurück, und auch viele Freunde sind tot.

Trotzdem: In der maritimen Natur von Bréhat, dieser nur dreieinhalb Kilometer langen und eineinhalb Kilometer breiten Insel im Norden der Bretagne, fing Marie-Jo langsam wieder an zu leben. »Ich kam im Frühling zurück, saß inmitten der Heide und betrachtete das hohe wilde Gras. Es war wie eine Rückkehr ins Leben. In Ravensbrück wurden jeder Grashalm und jeder Löwenzahn sofort verschlungen. Dann sah ich hier die Möwen und andere Seevögel – freie Vögel. Der einzige Vogel, den wir in Ravensbrück erblickt hatten, war der Rabe.«

»Ich versuchte, in eine Fantasiewelt zu flüchten. Ich träumte von der Insel und den Stränden, um dem KZ zu entfliehen.«

Marie-Jo Chombart de Lauwe hieß ursprünglich Yvette Wilborts. Ihren neuen Namen bekam sie während der Résistance – und hat ihn bis heute behalten. Es ist ein Ehrenname. Mit der Île de Bréhat verbindet sie glückliche Kindheitserinnerungen. »Ich war erst drei Monate alt, da nahmen mich meine Eltern in einem Weidenkorb mit auf das Schiff nach Bréhat. So fing alles an. Am Meer.« Später verbrachte sie regelmäßig die Ferien bei den Großeltern in Ty Bugalé (Haus der Kinder) und erlebte die Insel mit den rosa Granitsteinen, den blauen Agapanthusstauden, den Hortensien und den mandelgrünen Agaven als ein Naturparadies.

Yvette wohnte damals mit ihren Eltern und ihrer Schwester Nellie in Paris. Als ihr Vater, ein Kinderarzt, als Invalide des Ersten Weltkriegs 1937 in Frührente gehen musste, war Yvette gerade dreizehn. Die Familie verließ Paris und bezog ein eigenes Ferienhaus auf Bréhat, das Ker Avel (Haus des Windes). Da es auf der Insel keine Schule gab, absolvierte Yvette ihre Schuljahre per Fernstudium. Sie war oft allein auf sich gestellt und genoss die Freiheit inmitten einer Landschaft aus Wasser, Steinen und Heide. Auf einem Granitfelsen, der größer war als sie und den sie »Paradies« taufte, erledigte das junge Mädchen seine Hausaufgaben.

In Marie-Jos Zimmer gibt es viele Erinnerungsstücke an eine glückliche Kindheit sowie Seelandschaften, die ihr Großvater malte.

Die von 86 Eilanden umgebene Insel war ideal für die Untergrundaktivitäten der Widerstandsgruppe.

Damals entdeckte sie die Insel, machte sie zu ihrer eigenen. Mit der Zeit lernt sie die Pflanzenwelt kennen. Die fette, vitaminreiche *criste marine* (*Crithmum maritimum*, dt. Meerfenchel) schützt vor Skorbut; die Blätter des Bärenklau werden in der Architektur als Verzierung verwendet (Akanthusblatt); das Johanniskraut, so Marie-Jo, wird auch »Kraut der Ritter« genannt. »Es gibt kaum noch Menschen, die die Pflanzen, Pfade und Felsenhöhlen so kennen wie ich.«

Während des deutschen *drôle de guerre* (seltsamer Krieg) ging sie im Winter 1939/1940 auf eine für Pariser Flüchtlingskinder neu gegründete Schule nach Tréguier, einem Städtchen auf dem Festland, unweit von Bréhat. Als die Nazis im Sommer 1940 Nordfrankreich besetzten, lautete Yvettes' Thema bei der mündlichen Abiturprüfung: »Die Freiheit«. Sie stammt aus einer Familie von freiheitsliebenden Patrioten, die Besatzung war ihr unerträglich. Deshalb protestierte sie nicht nur mit Worten, sondern machte auch im Alltag zusammen mit ihren Schulkameradinnen kein Hehl aus ihrer Ablehnung der Nazis. »Wir kleideten uns in den Farben der französischen Trikolore, eine in Blau, eine in Weiß und die Dritte in Rot.«

Zu Hause hörte man den verbotenen Sender Radio London. Nach Charles de Gaulles Aufruf zum Widerstand im Juni 1940 hatte sich auf der Insel unter Führung von Yvettes Mutter die Gruppe La Bande à Sidonie gegründet. Im Auftrag des britischen Geheimdienstes bemühten sich deren Mitglieder um Informationen über die deutsche Küstenverteidigung. Erste Überfahrten nach England wurden heimlich organisiert. Die Küstenregion war für derartige Untergrundaktivitäten geradezu prädestiniert, auch wenn die Nazis eine Sperrzone von fünfzig Kilometern errichtet hatten. Für die spätere Grande Dame der Résistance war die gute Ortskenntnis nun plötzlich von großem, von überlebensnotwendigem Nutzen.

Als Inselbewohnerin besaß sie einen Sonderausweis, um auf dem Weg von Bréhat nach Rennes, wo sie seit Herbst 1941 Medizin studierte, durch die Sperrzone zu gelangen. Diesen besonderen Status nutzte die junge Studentin und half antifaschistischen Jugendlichen und sich versteckt haltenden Engländern, die das besetzte Frankreich verlassen wollten, zur Flucht. Doch mit dem Bau des Atlantikwalls im Herbst 1941 wurde alles schwieriger. Die Küste wurde stärker bewacht als zuvor, nachts leuchteten große Scheinwerfer, viele Häuser waren von den Nazis beschlagnahmt worden – mit Ausnahme von Ker Avel, dem großen, auf einem Felsen stehenden Haus; nach Ansicht der Besatzer lag es wohl zu exponiert, als dass von hier Gefahr ausgehen könnte.

Fliehen konnte man aus den kleinen Buchten von Bréhat jetzt nur noch in mondlosen Nächten. Im Auftrag ihrer Widerstandsgruppe machte Marie-Jo zusammen mit Kommilitonen regelmäßig Spaziergänge am Meer und merkte sich dabei

Die nur dreieinhalb Kilometer lange Insel wird manchmal von hohen Wellen umspült, das Wasser schleift die Felsen.

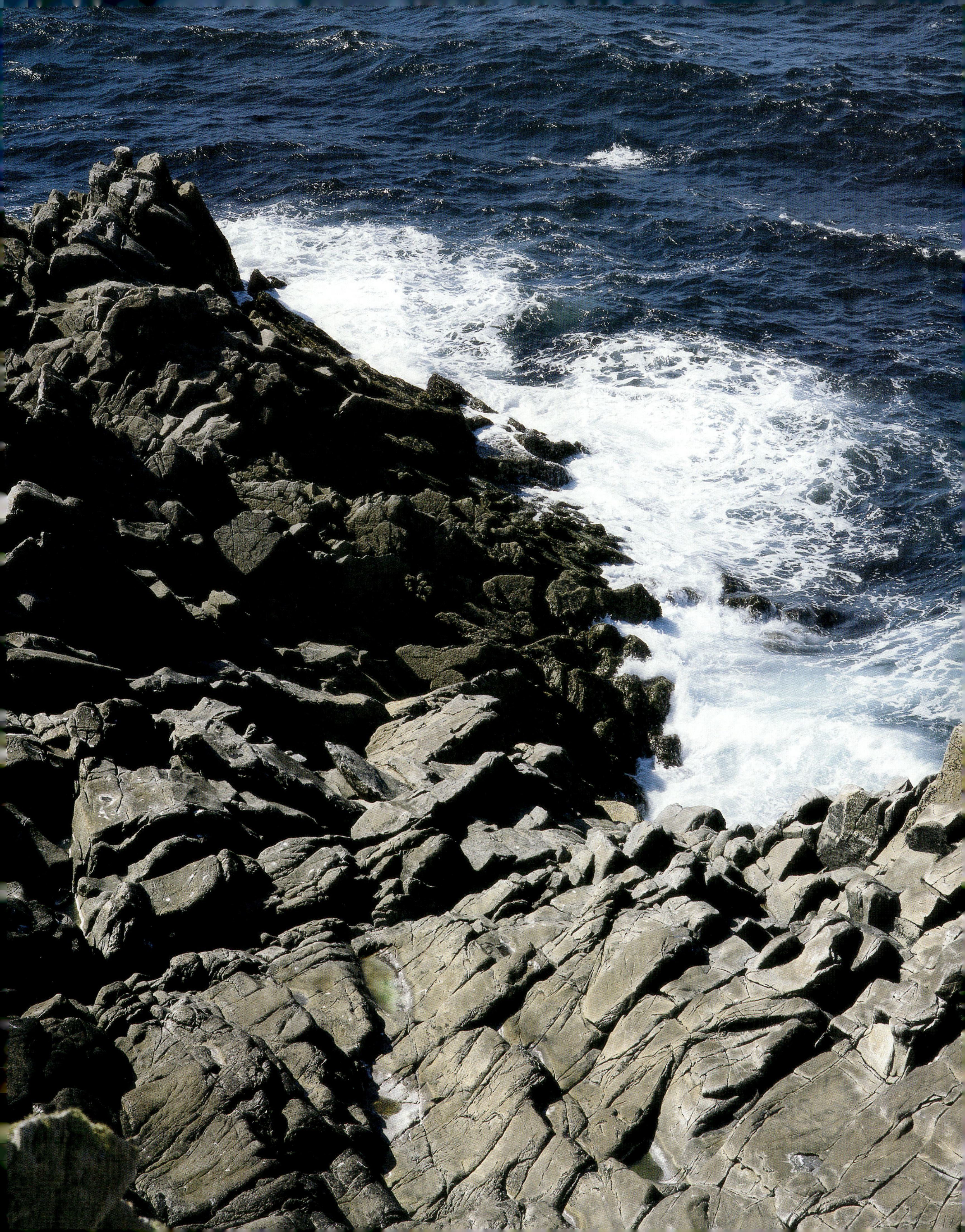

die militärischen Festungen, die dann von ihrem Vater skizziert wurden. In ihren Studienunterlagen versteckt, brachte die Studentin die geheimen Dokumente über die Küstenverteidigung nach Rennes, zum Chef der Fluchthilfeorganisation.

Im Mai 1942 wurden die 14 Mitglieder ihrer Widerstandszelle denunziert, unter den Verhafteten waren auch Marie-Jo und ihre Mutter. 1943 wurden beide nach Ravensbrück deportiert. Marie-Jo war gerade zwanzig.

In Ravensbrück ging es ums nackte Überleben. Dabei half ihr die Erinnerung an Bréhat. Im Block 27 erzählte sie ihrer polnischen Freundin Diuba von dem Gefühl der Freiheit auf ihrer Insel, von »all meinen Sandstränden, die nach Seetang und nach Meer dufteten, und all den starken und herben, mit dem Honig der Stechginster vermischten Gerüche des Lebens«. Man nannte sie »die verträumte Seemöwe«, weil sie

Vom »Paradiesfelsen« aus, auf dem sie ihre Schulaufgaben früher machte, schaut Marie-Jo gerne aufs Wasser.

zwar viel von der Bretagne sprach, ansonsten aber sehr schweigsam war. »Ich versuchte, in eine Fantasiewelt zu flüchten. Ich träumte von Bréhat, um dem KZ zu entfliehen.«

Nach dem Krieg studierte Marie-Jo Biologie und Sozialwissenschaften in Paris. Später widmete sie sich der Forschung in der Kinderpsychiatrie, dabei hatte sie sich nach ihren Erfahrungen als Revierkrankenschwester im so genannten »Kinderzimmer« von Ravensbrück geschworen, sich nie mehr in ihrem Leben um andere Kinder zu kümmern. Sie selbst heiratete 1947 den Soziologen Paul-Henry Chombart de Lauwe und bekam vier Kinder.

Den humanen Werten der Résistance ist die Französin treu geblieben. Sie engagiert sich gegen Rassismus und Revisionismus und kämpft außerdem für die Menschenrechte – als Vorsitzende der Fondation pour la Mémoire de la Déportation (Stiftung zur Erinnerung an die Deportation) und als Mitvorsitzende der Amicale de Ravensbrück (Vereinigung der Ravensbrück-Deportierten).

Die meiste Zeit des Jahres wohnt und arbeitet Marie-Jo in Paris. Bréhat bleibt für sie Hort der Erinnerung an eine erfüllte Kindheit. Insel und Meer bedeuten Entspannung und Familienidylle, denn in Ker Avel finden die Generationen der Familie immer wieder zusammen. Auf Bréhat tankt die inzwischen neunfache Groß- und dreifache Urgroßmutter auf, aber nur im Sommer. »Im Winter würde ich mich hier langweilen, Stickereien und Fotoalben reichen mir nicht. Ich kann einfach nicht aufhören. Meine Aufgabe ist die Stiftung.« Mit ihrer Hilfe will Marie-Jo die Erinnerung an die Résistance lebendig halten, an die Solidarität, ein verantwortungsbewusstes Leben und das Eintreten für moralische Werte sowie die Achtung des Menschen und seiner Würde.

In Ker Avel finden die Generationen der Familie wieder zusammen. Hier mit Tochter Noëlle, Enkel Yann und Freundin.

MARIE-JO CHOMBART DE LAUWE | *147*

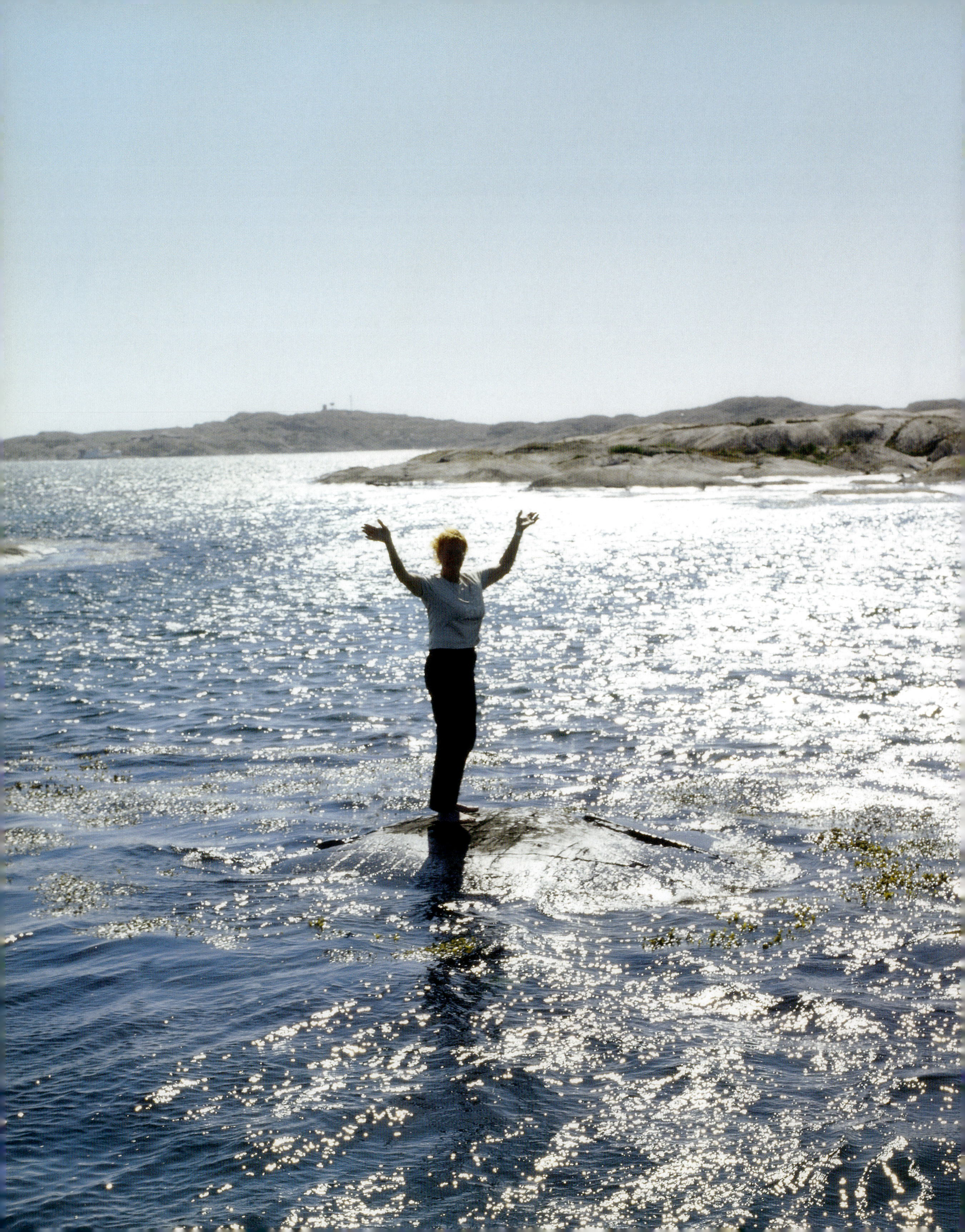

ERNI FRIHOLT
Kämpferin für Frauen und Frieden

Auf dem Steg des Bryggcafé im schwedischen Stocken auf der Insel Orust wird zur Mittsommernacht bei Hering und Wein fröhlich gefeiert, gedichtet, gesungen und getanzt. Erni erzählt Geschichten von früher, Frauengeschichten – nicht von Meerjungfrauen, sondern von den starken Frauen der Insel, die auf den Booten der Fischer nicht mitfahren durften. Denn Frauen auf einem Schiff, das bedeutete Unglück. Aber wenn die Männer wochenlang auf Heringfang waren, ruderten die Frauen mit ihren langen dicken Röcken sechzig Kilometer weit, bis nach Uddevalla, um dort gesalzenen Fisch zu verkaufen. Die Helden waren jedoch die Fischer, und das kann Erni Friholt noch heute fuchsteufelswild machen. Sie ist eine Kämpferin inmitten der märchenhaften Schärenlandschaft.

1974 kam sie hier an. »Mein Schwiegervater arbeitete am Boot, meine Schwiegermutter malte. Es war eine perfekte Idylle«, erzählt sie. Wegen Ola war sie hierher gekommen, und das Paar hatte im Haus seiner Eltern am Meer geheiratet, Erni im

»Das Rudern war durch die widrigen Strömungen ziemlich anstrengend. Ich fühlte mich, als würde ich auf die Probe gestellt.«

Dirndl, denn als gebürtige Österreicherin musste das so sein. Doch nur auf die Nordsee zu schauen und sich satt zu sehen an den Schönheiten der Natur – das reicht Erni schon bald nicht mehr. Ihre Vorstellung von einem guten Leben hat immer etwas mit dem Leben anderer zu tun. »Die Entwicklung, die wir brauchen, muss mit Rücksicht auf die verschiedenen Traditionen und Kulturen, die Menschen und die Natur vorangetrieben werden.«

Ola und Erni Friholt versuchen, ihre Vision von einer humanen Gesellschaft in ihrem direkten Umfeld umzusetzen. Ihr Lebensmotto lautet: »Global denken – lokal handeln«, und so kämpfen sie um das Überleben von Stocken, diesem 150-Seelen-Dorf in den Schären. Ausgehend von dem alten weißen Haus der Eltern, einem Schuppen, in dem Olas Eltern ein Eisen- und Kurzwarengeschäft betrieben hatten, dem Holzsteg, der früher Stockens Anlegeplatz gewesen war, und dem Meer, wurde die Idee geboren, ein *solidariskt café* und eine Kunstgalerie einzurichten. Das war 1986. »Wir wollen an die alte geschäftige Zeit auf Stocken erinnern und Traditionen weiterführen«, sagt Erni, »damit das Leben auch blüht, wenn es im Herbst oder Winter stürmt. Und wir wollen Solidarität pflegen, Menschen in aller Welt unterstützen.« In der Galerie, dem früheren Bootshaus, stellt Ola seine gemalten Seelandschaften

Im Bryggcafé wird über Frauenrecht, Umwelt und Frieden diskutiert. Zum Charme des Cafés gehört der tägliche Besuch der Möwen.

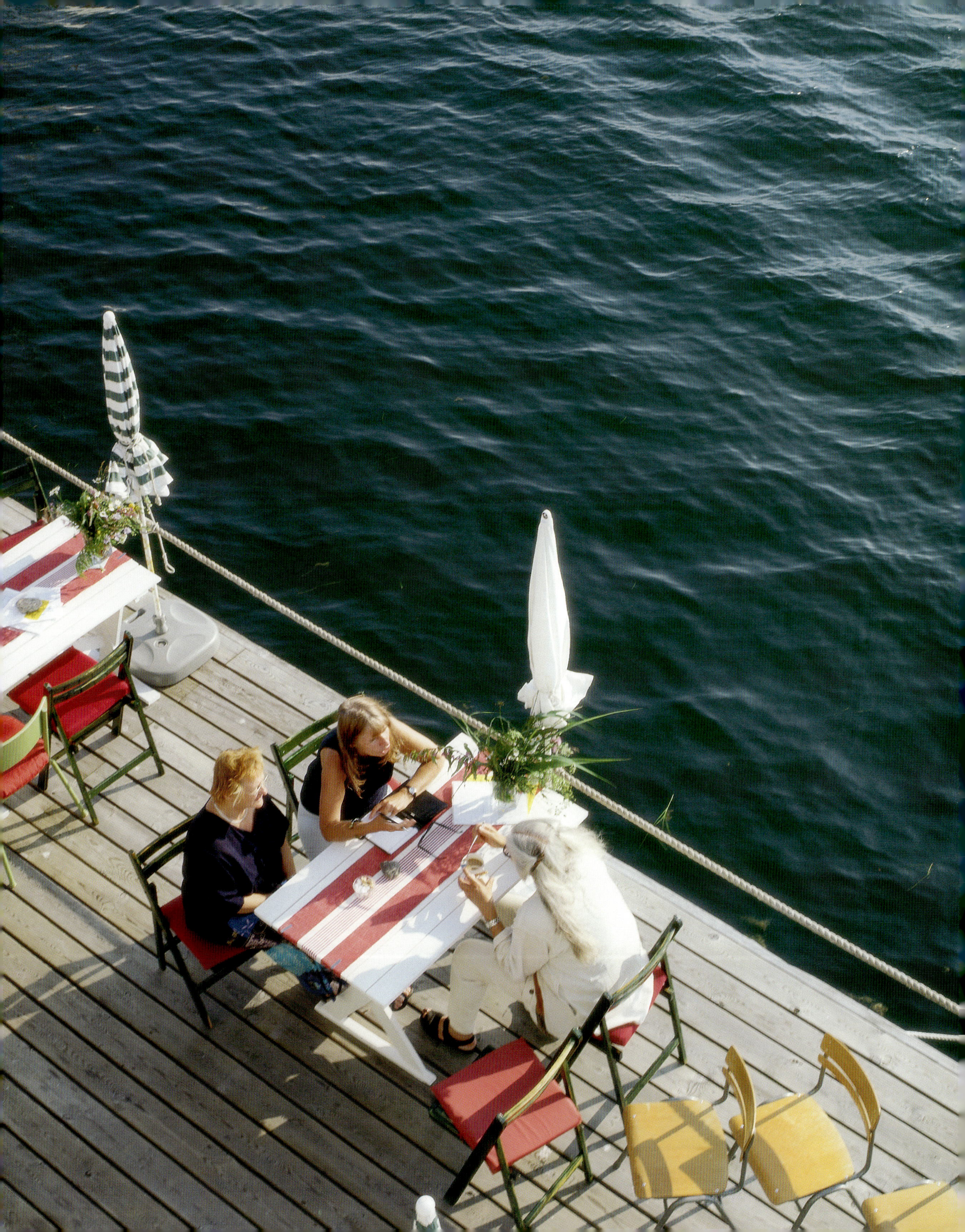

aus. Kaffee und Tee importieren die Friholts aus Kooperativen in Bolivien, Mexiko, Simbabwe, Tansania und Vietnam; transnationale Unternehmen dagegen boykottieren sie. Sie verwenden Solarenergie und produzieren ihr eigenes Gemüse wie Bohnen, Erbsen, Kartoffeln, Gurken und Radieschen sowie Beerenobst – in einem Sommergarten, den sie Samarkand nennen. »Im echten Samarkand war ich zwar noch nie«, sagt Erni, »aber es ist dort bestimmt wunderschön und es klingt wie Tausendundeine Nacht.«

Für die alljährliche Eröffnung des Cafés zur Sommersonnenwende um den Johannistag pflückt sie bergeweise Erdbeeren, backt Obsttorten bis tief in die Nacht und andere Köstlichkeiten wie die »Rosa-Luxemburg«-Torte mit Rum oder Baiser mit Mandeln, das sie »Amandla Mandela« nennt, einen Kuchen mit Nüssen und Kaffeecreme, der »Mahatma Gandhis Drömmar« (Mahatma Gandhis Traum) heißt, und das »Elin-Wägner-Rägbrod«, ein selbst gemachtes, nach der feministischen Schriftstellerin benanntes Roggenbrot. In Erinnerung an ein Friedenslager in einem Dorf in der nordserbischen Provinz Vojvodina, in dem zweihundert Männer 1992 den Kriegsdienst verweigert hatten, erfand Erni die »Zitzer Torte«, mit Johannisbeeren aus dem heimischen Samarkand. Den kleinen rosa und blauen Handzetteln, die den Kuchen beigefügt werden, können die Gäste Interessantes zu den Biografien der Namensgeber entnehmen.

Ernis Widerspruchsgeist erwuchs im Österreich ihrer Kindheit. Es herrschte Krieg, und sie erlebte, wie Vater und Mutter eine Woche vor dem Ende des Zweiten Weltkriegs beschossen wurden – der Vater starb. Zuvor war bereits ihr Bruder gefallen. Erni wollte nicht mehr in Österreich bleiben und beschloss, zu ihrer großen Schwester Gertrud nach Stockholm zu fahren. 13 war sie damals, und Schweden wurde ihre neue Heimat. Fünf Jahre später heiratete sie einen Österreicher, bekam zwei Töchter und besuchte nebenbei das Abendgymnasium, um anschließend Lehrerin zu werden. Es folgten die wilden 1968er Jahre. Erni, neugierig und abenteuerlustig, wollte ihr Leben und die Welt verändern. Sie fuhr zu den Mai-Demonstrationen nach Paris und übernahm anschließend den Vorsitz eines regionalen Friedensvereins in Stockholm. Ende der 1970er Jahre trennte sie sich von ihrem Mann und brach zu neuen Ufern auf, ihr Ziel hieß Bangladesch. Das kleine Land, das

Im Holzhaus direkt am Wasser hängen die »Seelandschaften« von Ola und Ernis Schwiegermutter. Von ihrem Zimmer aus genießt Erni den Blick auf die Schären.

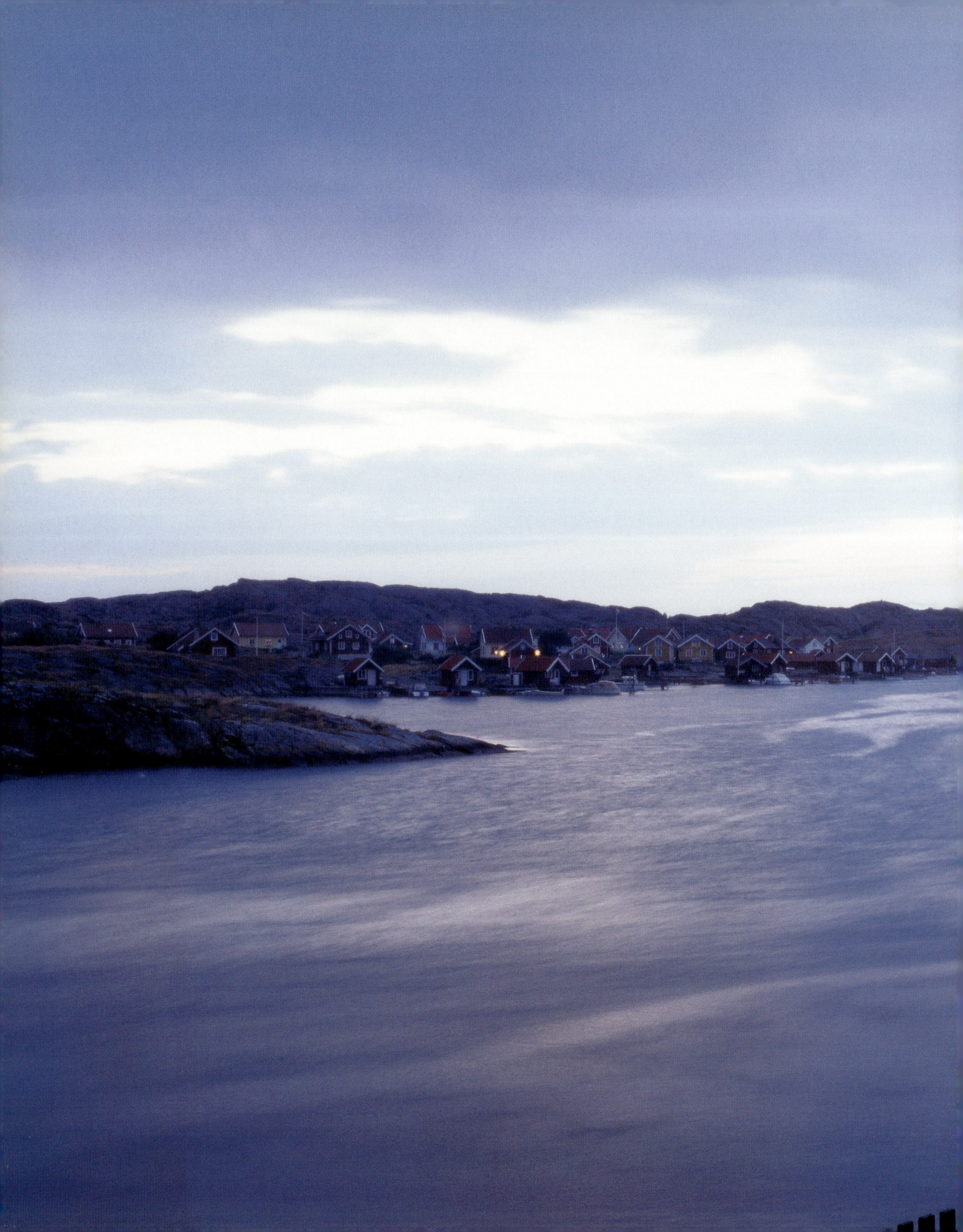

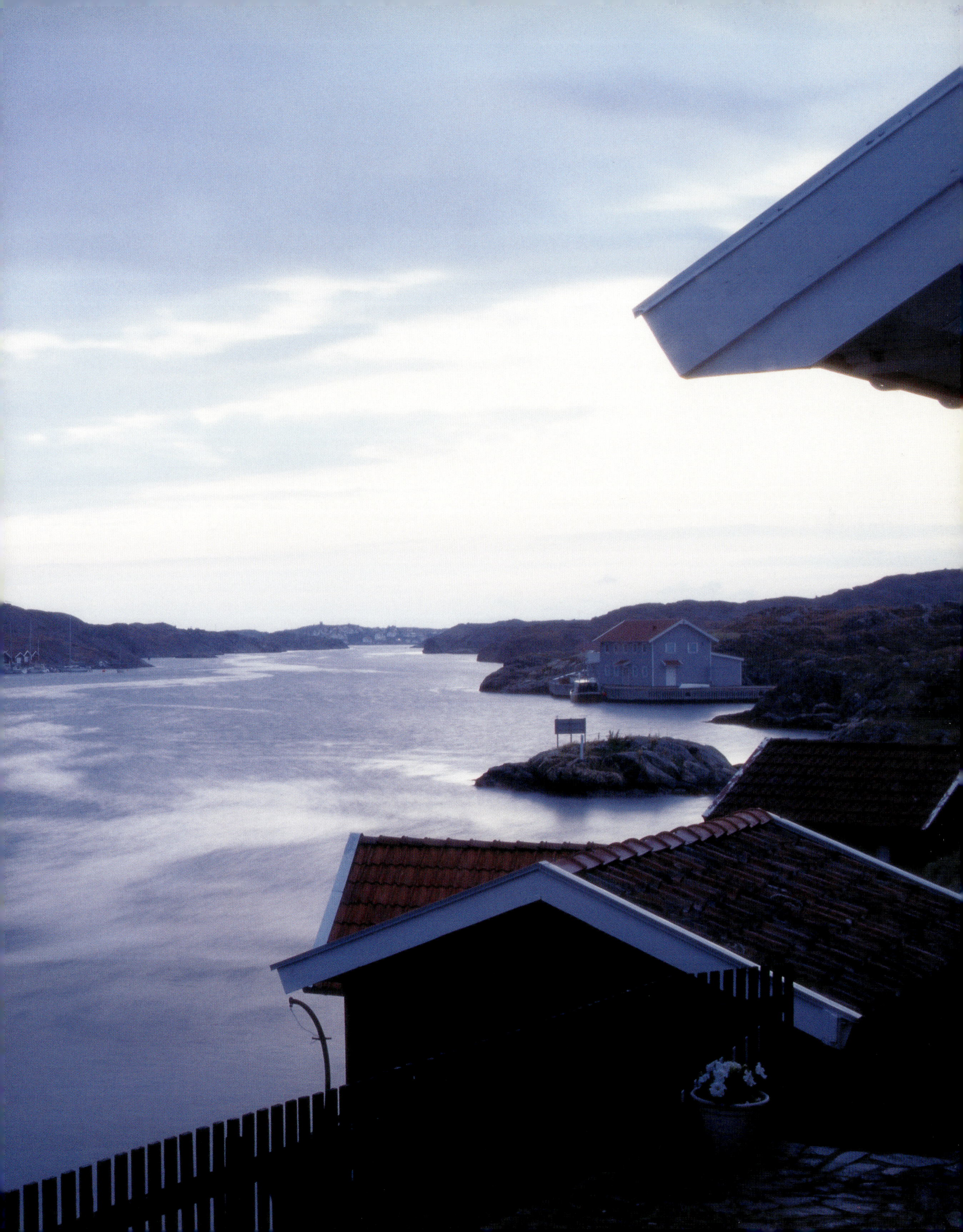

Auf dem Holzsteg, dem früheren Anlegeplatz Stockens, errichteten Erni und Ola ihr solidarisches Café.

nach einem langen Krieg kaum Aufbauhilfe bekam, wurde zu ihrer zweiten Heimat; hier lernte Erni auch Ola kennen. Zusammen reisten sie nach Indien, als Freiwillige der schwedischen Hilfsorganisation »Die Schwalben«, um »für die Armen und mit den Armen zu arbeiten«. Seitdem war Erni immer wieder in Indien und Bangladesh, um Bewusstseinsarbeit zu leisten und vor allem die Frauen in ihrer sozialen und politischen Entwicklung, aber auch in ihrem Kampf um Gleichstellung zu unterstützen.

Kraft für ihr Engagement schöpft Erni in der rauen, zerklüfteten Schärenlandschaft nördlich von Göteborg. Die Stürme sind herrlich, wenn man in dem großen, gemütlichen Haus geborgen ist, und sie ist fasziniert von den wechselnden Zuständen des Meeres, von der Weite und der Gewalt des Wassers. Erni liebt Orust, die größte Insel vor der Südwestküste Schwedens, ihre sanften Hügel, die Mischwälder aus Tannen und Eichen und die kargen, mit Heidekraut bewachsenen Felsenerhebungen, die an die Berge Österreichs erinnern. Das offene Meer dagegen meidet sie. »Auf dem Wasser und im Wasser bekomme ich schneller Angst als anderswo. Dieses Gefühl beim Schwimmen, irgendetwas könnte mich packen, mich umschlingen und in die Tiefe ziehen, nein, schrecklich.« Dabei ist die engagierte Wahlschwedin alles andere als ein Angsthase. Sie ist eine Kämpferin. In der Mittsommernacht erzählt sie von ihrer ersten Ruderfahrt. »Das Rudern war durch die widrigen Strömungen ziemlich anstrengend. Die anderen standen am Ufer und schauten mir zu. Ich fühl-

Hanna, Ernis Lieblingsenkelin, tritt in Großmutters Fußstapfen: Auch sie interessiert sich für Frauenforschung und das Bryggcafé.

te mich, als würde ich auf die Probe gestellt werden.« Mit eisernem Willen schaffte sie es und stieg an Land. Alle klatschten und lobten sie: »Toll, das hast du wirklich gut gemacht. Aber sag, warum bist du verkehrt herum gerudert?« Erni hatte tatsächlich nicht gewusst, dass man sich mit dem Bug nach vorne bewegt.

»Verkehrt herum« rudert Erni heute nicht mehr, aber sie schwimmt gegen den Strom. Um sich stärker in der Friedensbewegung zu engagieren, gaben sie und ihr Mann sogar den Schuldienst auf. Erni kämpft für Frauenrechte, unter anderem als Redakteurin der Frauenzeitschrift *Vi Manskör* (Wir Menschen) und in der Organisation Svenska Kvinnors Vänsterförbund (Linker Schwedischer Frauenverband), deren Vorsitzende sie bis Sommer 2002 war. Doch trotz aller Erfolge kommen ihr manchmal Zweifel. Ihr alternativ geprägtes Leben kostet Kraft und Energie. Sie ist enttäuscht, dass die Menschen oft nur an Konsum denken und »sich durch ihr unreflektiertes Verhalten an der Ausbeutung der Dritten Welt mitschuldig machen«.

Trotzdem ist ein Leben in Ruhe für Erni und Ola nicht vorstellbar. Wenn Hanna, ihre Lieblingsenkelin, aus Stockholm zu Besuch kommt und sich brennend für Frauenforschung, Theater und die Weiterführung des solidarischen Cafés interessiert, sie gemeinsam mit Freunden aus aller Welt auf dem Steg des Bryggcafé Kraft und Ideen sammeln und Netzwerke gründen, dann erhält Ernis Traum von einer besseren, frauen- und umweltfreundlichen Gesellschaft immer wieder neue Nahrung.

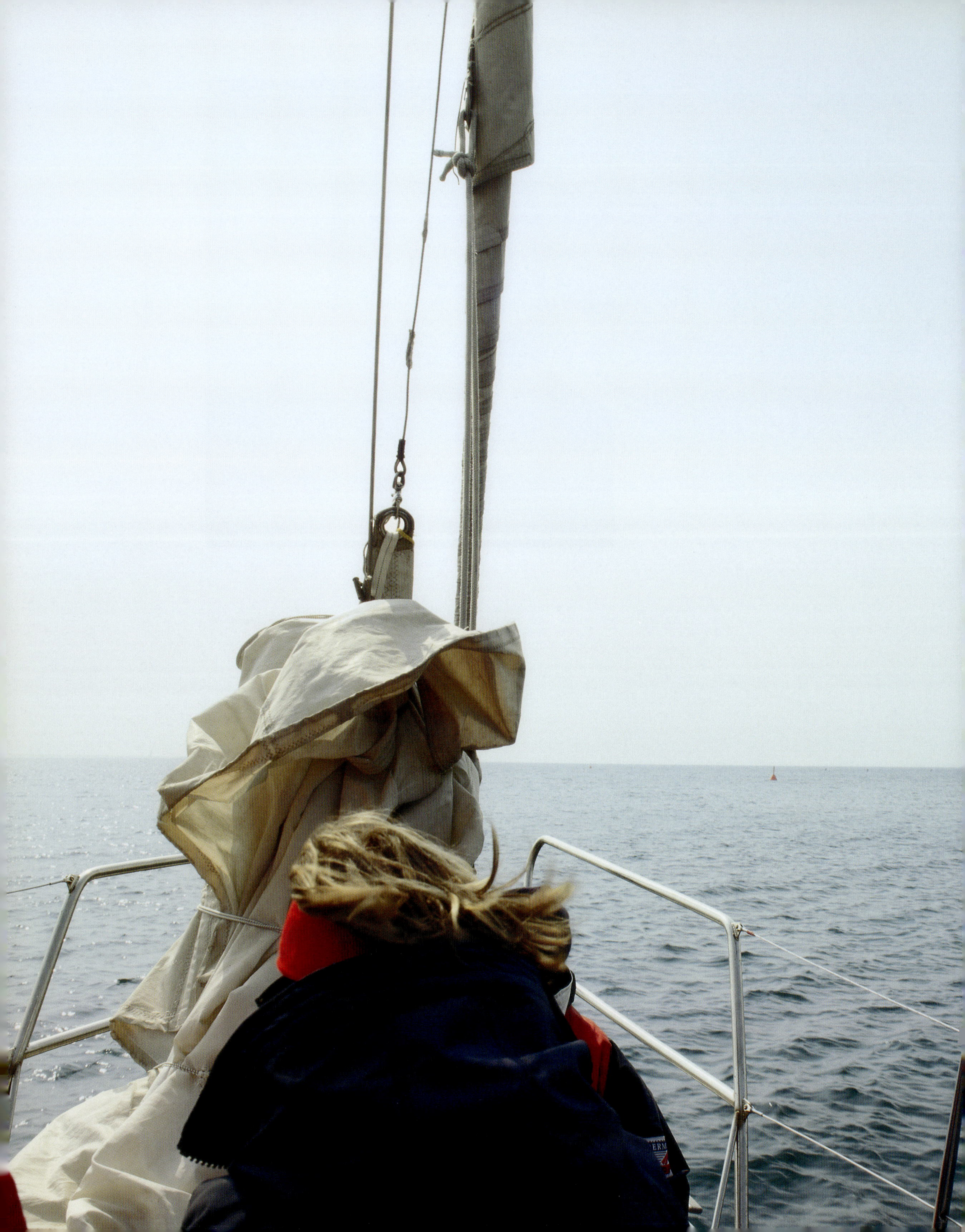

INES JOCHMANN
Skipperin

Bevor die *Bruden* sich langsam vom Steg am Heisterbusch in Neustadt an der Ostsee löst, wirft die Skipperin einen letzten prüfenden Blick auf Schwimmwesten und Sicherheitsleinen. In der Frauencrew werden Ingwertabletten gegen Seekrankheit empfohlen und jemand rät: bloß oben an Deck bleiben und auf einen Punkt am Horizont starren.

»Fiert auf die Schoten, lasst die Backstag los, alles klar zur Halse, über die Fock, wir dampfen in der Achterspring ein ...« Die Befehle klingen unverständlich, doch die Frauen an Bord wissen genau, um was es geht, und so entfernt sich die *Bruden* bei Windstärke fünf in einem angemessenen Tempo aus dem Hafen. Kritisch und wohlwollend zugleich beobachtet die Skipperin das geglückte Manöver. Jede Frau ist an ihrem Platz. »Kleine Fock hissen, Sturmfock setzen, alles klar zur Wende.« Das Knattern der Segel im Wind löst das Rattern des Motors ab. Heute, am letzten Tag des Skipperinnentrainings, werden die neun Frauen an Bord das An- und Ablegen im

*»Die Lust am Abenteuer hat mich zum
Meer geführt, und der Wunsch, mein altes
Leben über Bord zu werfen.«*

Fremdhafen sowie das Manövrieren und Wenden üben – sie sollen in die Schiffsführung hineinwachsen, denn sie bereiten sich auf den Sportseeschifferschein (SSS) vor. Den Sportküstenschifferschein (SKS) haben einige von ihnen bereits in der Tasche.

Das Ruder geht durch neun verschiedene Hände, neunmal wird gerufen: »Fender über Bord, holt die Schoten an Backbord, Vorsicht mit dem Baum, auf die Tonne zu«, neunmal wird die Q-Wende – ein Wendemanöver bei starkem achterlichem Wind – gefahren und der Fender aus dem Wasser geholt. Mit ruhiger Stimme weiht Ines Jochmann die schon erprobten Skipperinnen in die letzten Feinheiten des Segelns ein. Man spürt, dass der Beruf der Skipperin pädagogische Fähigkeiten erfordert.

Und tatsächlich: Ines Jochmann hat ein Pädagogikstudium hinter sich und war mehrere Jahre als VHS-Fachbereichsleiterin tätig. Doch warum gab sie ihren gut dotierten Beruf auf?

Nichts prädestinierte Ines, Jahrgang 1961, dazu, ihr Leben auf dem Wasser zu verbringen, weder die Familientradition noch eine Kindheit oder Jugend am Meer. Auch nicht der Traum von Freiheit angesichts der Weite des Meeres. Während ihres Studiums an der Universität Bielefeld nahmen Kommilitoninnen in der Freizeit Ines mit zum Segeln. Wind und Wellen faszinierten das Landkind, und so gehörten in den nächsten zwei, drei Jahren die gemeinsamen Ausflüge in einem kleinen Kajütboot auf den Kanälen in Holland zu ihren schönsten Beschäftigungen am Wochenende. Kurz entschlossen machte sie Nägel mit Köpfen: Die erforderlichen Segelscheine waren fast ebenso schnell erworben wie die knallig orangefarbene Rennjolle, mit der Ines auch das Kentern lernte.

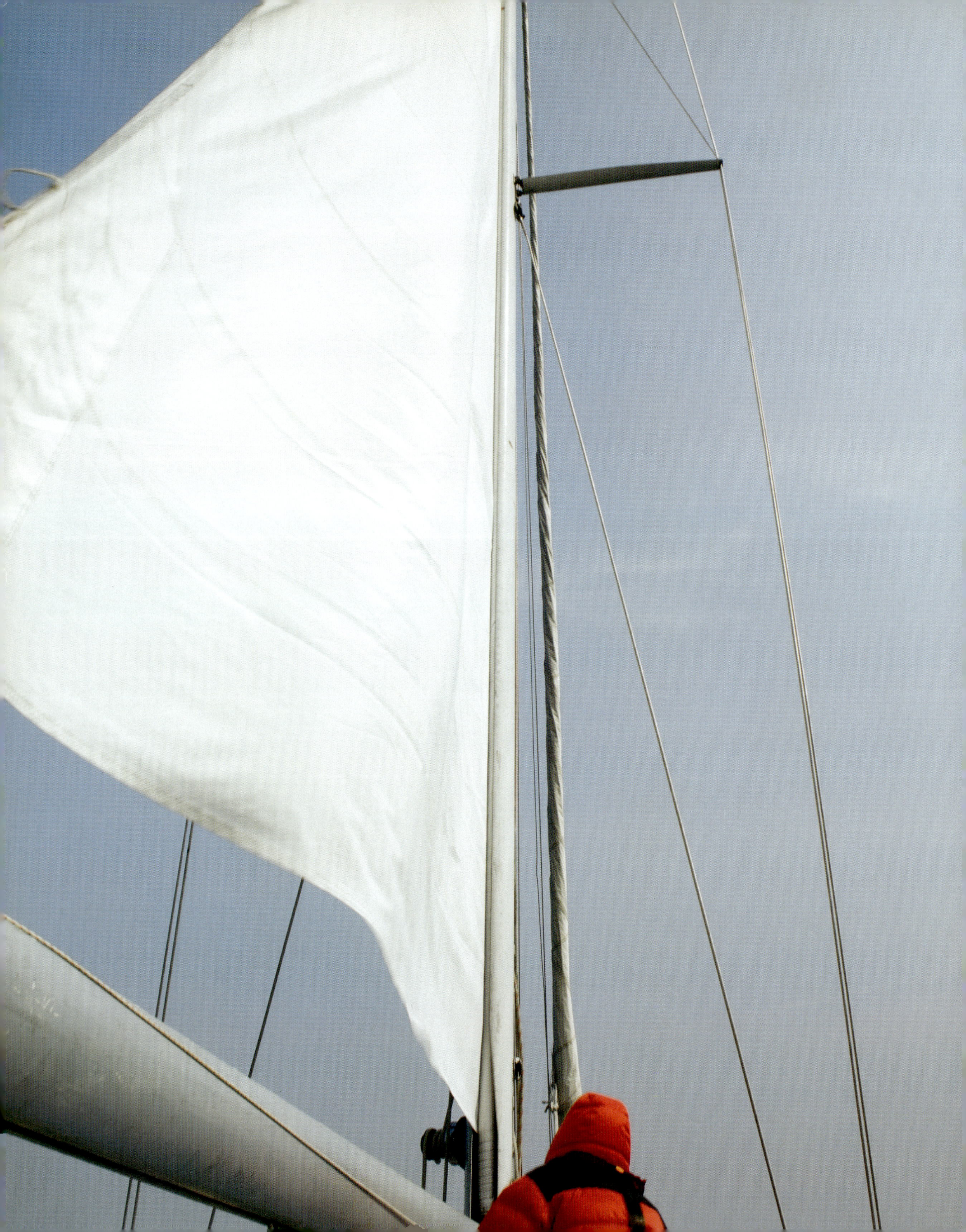

Glückliche Momente: Das weiße Segel knattert im Wind, Ines hat die »Bruden« fest im Griff und schaut in die Ferne.

Eines Tages wurde Ines gefragt, ob sie für das Frauenradio in Bethel einen Beitrag über eine Frauengruppe machen könnte, die gerade ganz euphorisch von einer Segeltour zurückgekommen war. Sanne von Sonsbeck, die Pionierin dieser ersten Frauensegeltörns, war die Skipperin; mit ihrem Plattbodenschiff fuhr sie regelmäßig auf dem holländischen Ijsselmeer. Sannes Begeisterung hatte etwas Ansteckendes, und als Freundinnen Ines fragten, ob sie nicht Lust hätte, ihnen das Segeln beizubringen, war die Pädagogin nicht mehr zu bremsen. Quasi im Nebenberuf bot sie mehrere Jahre lang Segelkurse auf dem Dümmer See an, dem zehn Kilometer von Diepholz entfernten, zweitgrößten Binnensee Niedersachsens, inmitten einer Moor- und Wiesenlandschaft gelegen und mit einer Wasserfläche von circa 1200 Hektar. Es machte Ines Freude, allein mit Frauen zusammenzuarbeiten und gleichzeitig in eine

INES JOCHMANN | 163

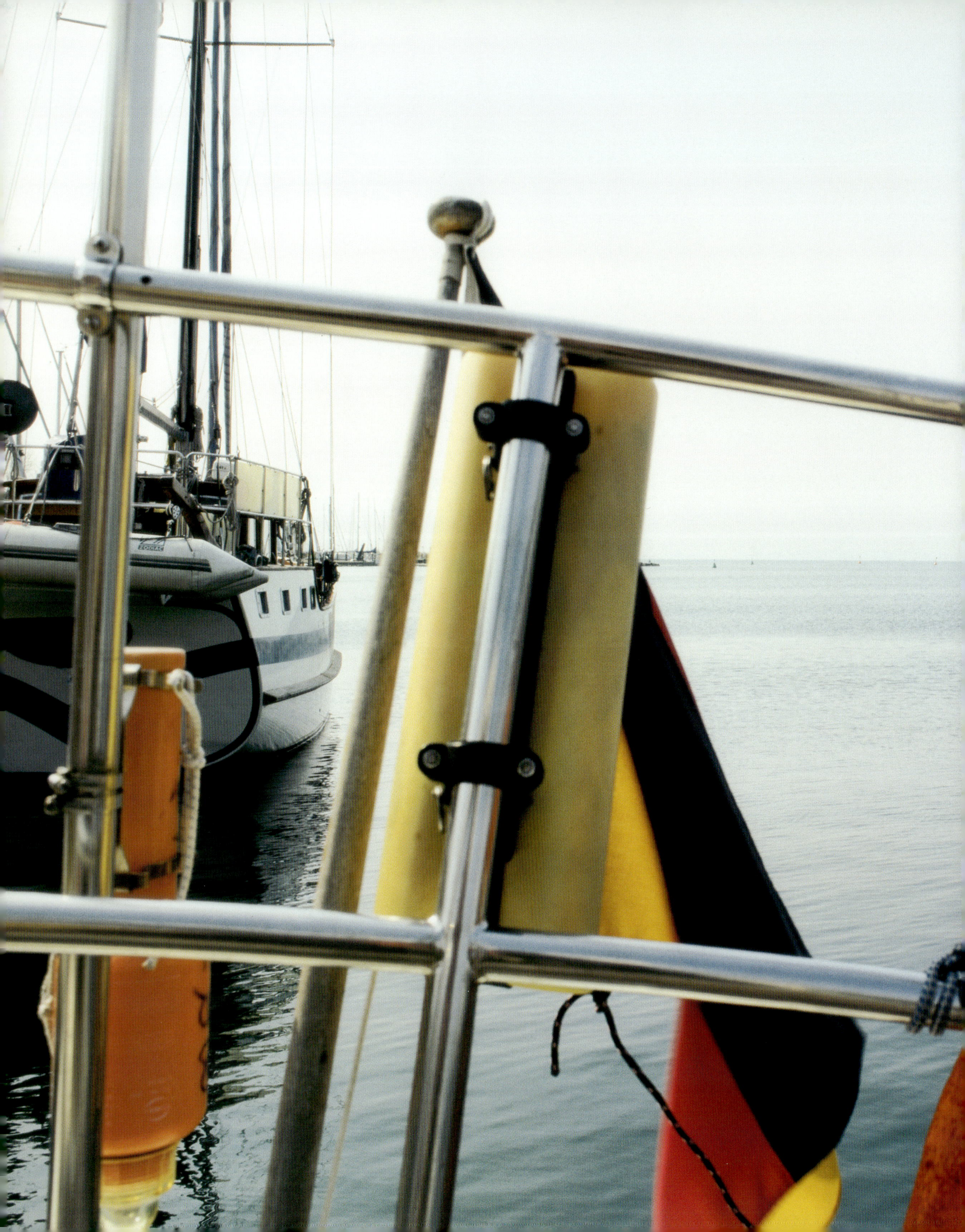

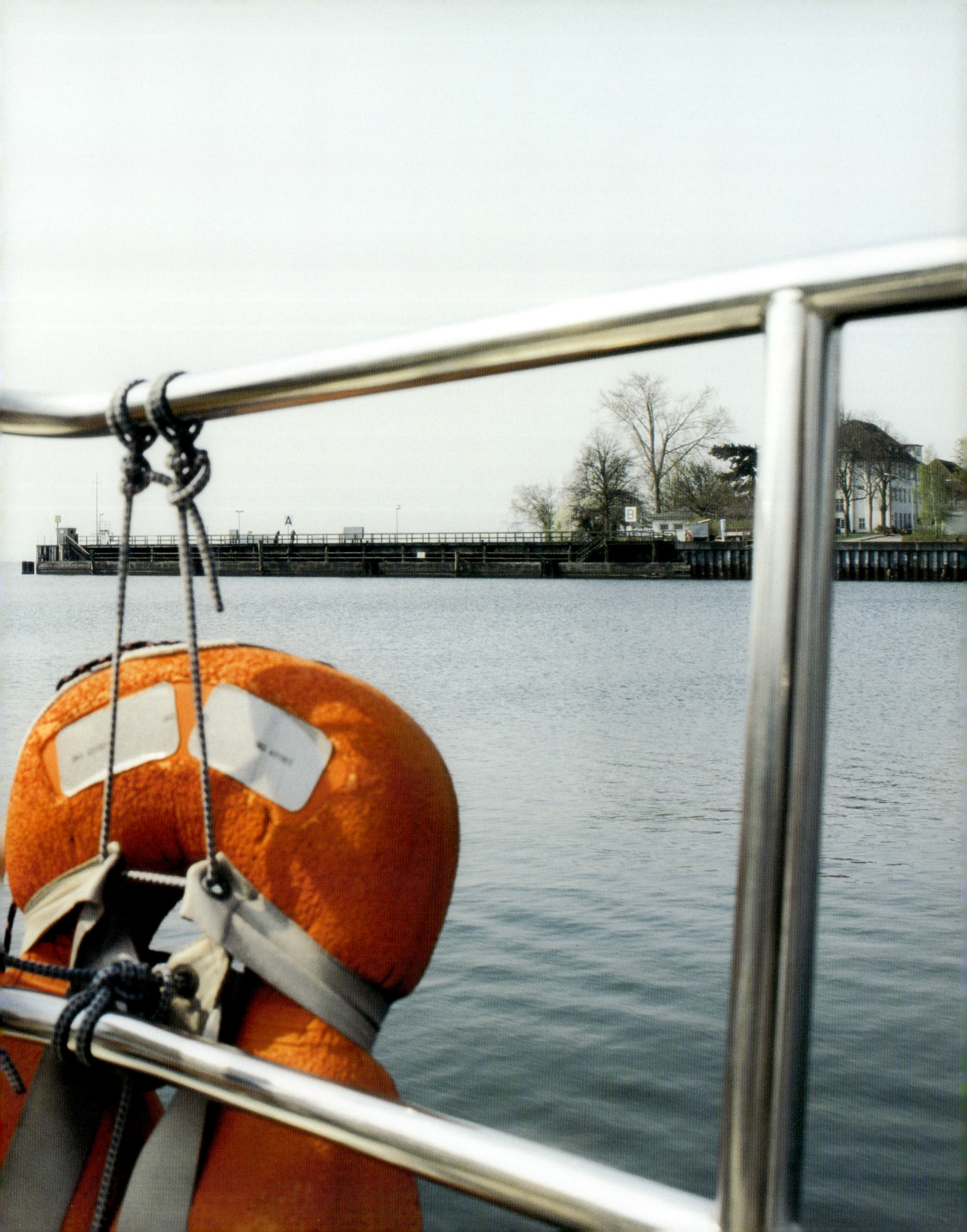
A
B

Männerdomäne einzudringen, in der häufig Besserwisserei, Leistungsdruck und Konkurrenz vorherrschen. Dem will sie, die zu oft erfahren hat, dass Frauen sich das Ruder aus der Hand nehmen lassen, etwas entgegensetzen.

Aber es war die Lust am Abenteuer, die die damals 32-Jährige dann tatsächlich zum Meer führte. Immer drängender wurde der Wunsch, das alte Leben über Bord zu werfen. Zwischen diesem Traum und der Entscheidung für den Skipperinnenberuf lag eine Bewerbung für den Deutschen Akademischen Austauschdienst in China. Als die Sache konkret wurde und eine Verpflichtung für fünf Jahre anstand, wusste sie plötzlich, was sie wirklich wollte: 1993 reichte sie, trotz aller Unkenrufe der Kollegen, ihre Kündigung ein und gründete den in Deutschland einzigartigen Segelpädagogischen Verein für Frauen und Mädchen. Mit Optimismus und sicher auch ein wenig Blauäugigkeit machte sie sich an die Verwirklichung ihrer Geschäftsidee, selbst Frauentörns zu organisieren. »Der Weg bis ans Ziel war nicht einfach«, sagt Ines Jochmann, »ich musste ein Konzept erarbeiten und eine Bank finden, die bereit war, mir einen Kredit zu geben. Ich brauchte 1,5 Millionen Mark für das Boot, auf dem ich die Segeltörns auf der Ostsee anbieten wollte.«

1993 hatte es Ines geschafft: Ihr Traumschiff war gefunden – eine 15 Meter lange Yacht skandinavischer Herkunft mit dem schönen Namen *Bruden* (Mädchen) und Kojenplätzen für zehn Personen; bei einem Tiefgang von 2,70 Meter ist das Schiff zudem kentersicher.

Am Ruder stehen, manövrieren und in die Takelage klettern – all das gehört zum Skipperinnentraining. Der Mast ist Schwindel erregende 22 Meter hoch.

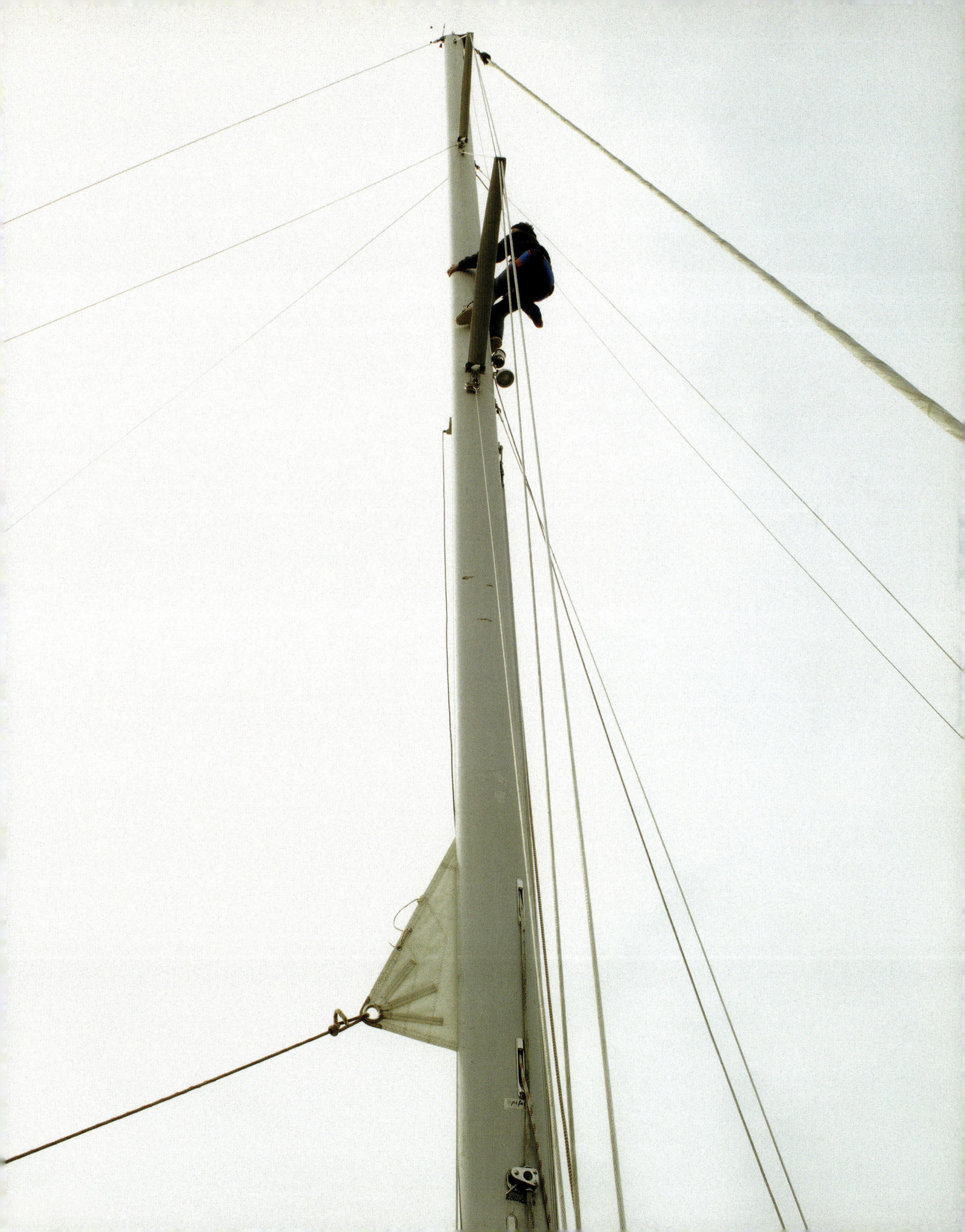

Seitdem ist Ines von Mitte März bis Oktober auf der Ostsee unterwegs, mal mit verhaltensauffälligen Mädchen, die in einer flexiblen Betreuung sind, mal mit gemischten Gruppen, meistens aber mit Frauen. Im Winter bleibt sie in Bielefeld und genießt neuerdings die Ruhe, nachdem sie ihre Lehraufträge für Segelpädagogik an der Universität aufgegeben hat.

Im Sommer bietet Ines Skipperinnen-Trainings, Frauen-Urlaub-Törns und Skandinavien-Törns an. Bei den Schlemmertörns mit Gourmet-Kochkurs geht es in Kooperation mit der Hamburger Köchin Claudia Seifert rund um den Fisch in der Kombüse. Für Banken hat Ines schon mehrmals das Thema »Teamentwicklung an Bord« angeboten. Eine Bankkauffrau, die auf der *Bruden* zu Gast war, war so angetan, dass sie Ines um ein Spezialseminar für angehende Bankkaufleute bat. Die Auszubildenden verbringen sieben Tage an Bord, lernen Verantwortung zu übernehmen und Hierarchien zu respektieren, kommunikativ zu sein und Aufgaben zu delegieren. »Das ist ungeheuer spannend und wichtig für die Lehrlinge«, sagt Ines, »weil das enge Zusammenleben auf dem Schiff Konflikte mit sich bringt, deren Bewältigung wertvoll für den beruflichen Alltag sein kann.«

Auch bei viel Wind und hohen Wellen fühlt sich die Skipperin im Einklang mit der *Bruden* und dem Meer. »Ich habe schon so manche schwierige Situation erlebt und überlebt.«

Sie erinnert sich an Sturm und Angst in ihrem ersten Jahr, als sie sich mit ihrem Schiff im Fahrwasser von Travemünde befand. Das Steuerseil brannte bei Windstärke sechs durch, ihr Schiff wurde bei auflandigem Wind von Wind und See Richtung Ostseeküste getrieben und drohte, auf Grund zu laufen. »Zu allem Unglück versagte auch noch das Ruder.« Trotzdem schaffte es Ines, das Schiff zu wenden und wieder auf Kurs zu bringen, sie reparierte das Steuerseil und löschte den Brand. »Furchtbar war das«, sagt die Seglerin. Danach dauerte es eine ganze Weile, bis sie sich wieder traute, allein hinauszufahren. Doch ein solches Erlebnis hat auch sein Gutes. »Mir wurde klar, dass ich fundierte Technikkenntnisse brauche.« Sie studierte viele Bücher und holte sich Rat bei Mechanikern und technisch bewanderten Freunden.

Dann gibt es da noch die Geschichte mit der Studentengruppe, die sich wohl eher eine schöne Urlaubswoche machen wollte, als das Segeln zu erlernen. Während es sich die Gruppe gut gehen ließ, stand Ines allein am Ruder – bei Windstärke acht bis neun, mehr, als der Wetterbericht vorhergesagt hatte. Zu allem Unglück kollabierte auch noch eine Studentin – erst auf See erfuhr Ines, dass sie drogenabhängig war. Keiner konnte das Ruder übernehmen oder das UKW-Gerät bedienen, trotz vorheriger Unterweisung, was bei Seenot zu tun ist. Doch Ines gab nicht auf. Sie holte die Drogensüchtige ins Leben zurück, über UKW gelang es ihr, ärztliche Hilfe anzufordern, und anderthalb Stunden später landete das Schiff im nächsten Hafen, wo die *Bruden*, mangels Hilfe, mit dem Rumpf gegen die Pier gedrückt und die Glasfieberkonstruktion beschädigt wurde.

Wenn die »Bruden« sich bei Windstärke fünf langsam aus dem Hafen entfernt, wird sie von anderen Booten aus freundlich gegrüßt. An das Bild der erfahrenen Skipperin und ihrer Frauentörns hat man sich in Neustadt inzwischen gewöhnt.

»Skipperin zu sein bedeutet harte Arbeit«, sagt Ines, »sowohl in physischer als auch in psychischer Hinsicht.« Die ständig wechselnden Gruppen fordern Flexibilität im Umgang mit höchst unterschiedlichen Charakteren. »Es ist nicht immer leicht, die Verantwortung für so viele Menschen an Bord zu tragen.« Und es können immer wieder Havarien passieren. Aber Ines liebt ihren Beruf. Sie ist tief berührt von der Schönheit der Natur, vor allem von den schwedischen Schären. Und wenn es bei einem der Frauentörns abends gebratenen Hering gibt, sich die Frauen Gute-Nacht-Geschichten erzählen und von den unerschrockenen Piratinnen Mary Read und Ann Bonney oder von der ersten deutschen Einhand-Weltumseglerin Gudrun Calligaro und der waghalsigen Seglerin Ellen MacArthur aus England schwärmen, dann strahlt der Sternenhimmel über der Crew. Und ganz bestimmt wird das Glas erhoben auf die besonnenste Skipperin der Ostsee, auf Ines Jochmann.

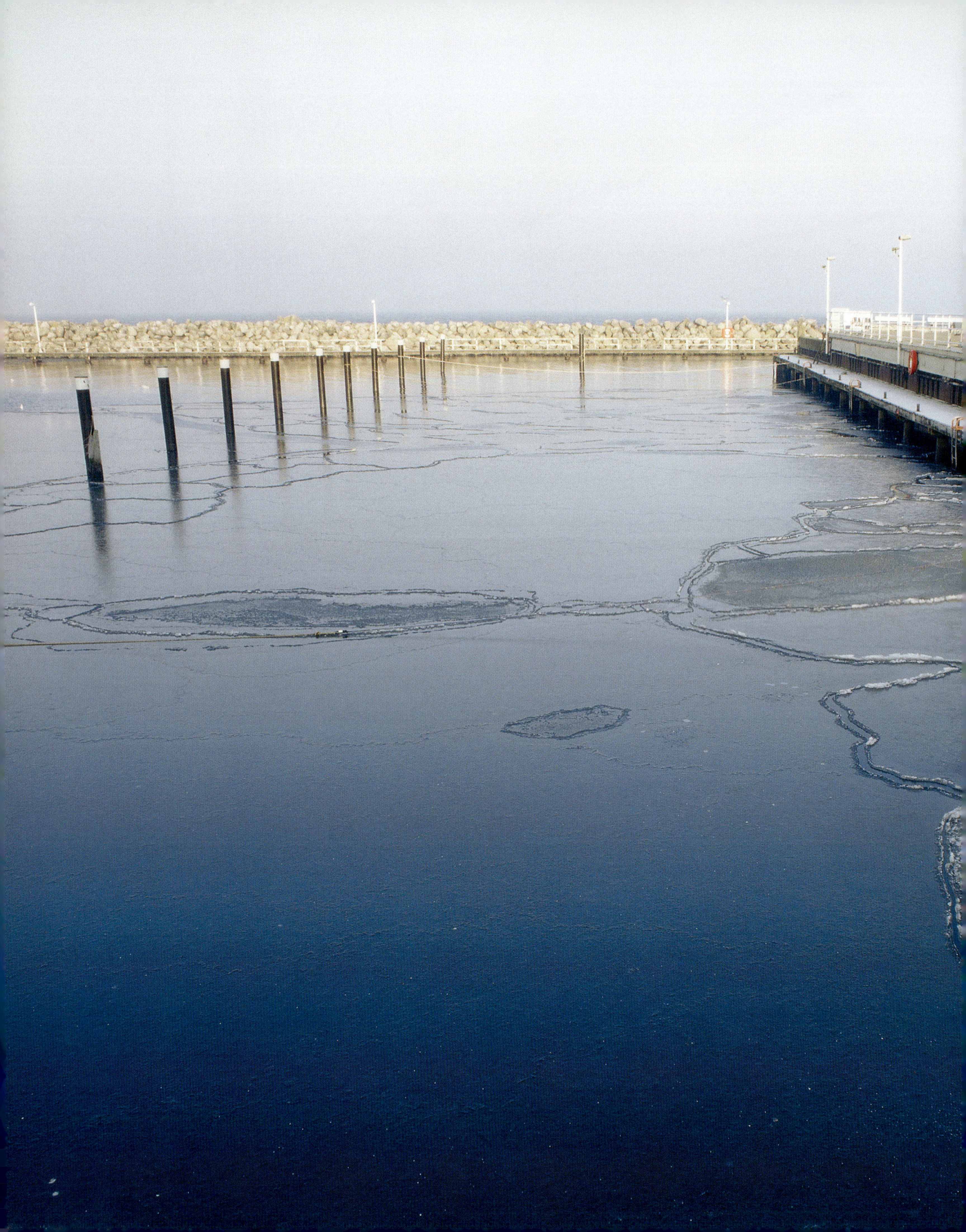

AMELIE LUX
Surferin

Deutschlands Surffloh« ist die Lieblingsbezeichnung für die mädchenhaft wirkende 25-Jährige. Doch wenn man die nur 163 Zentimeter große und 51 Kilo schwere Wassersportlerin im Olympia-Zentrum Schilksee beobachtet, ahnt man, wie viel Kraft in dieser zarten Person steckt, die im Thermoanzug ganz selbstverständlich das weiße, 15 Kilo wiegende und fast vier Meter lange Surfbrett auf dem Kopf balanciert. An diesem eiskalten Februartag, wenige Kilometer nördlich von Kiel, kräuselt sich das grüngraue Meer weiß, und am nahen Strand klirrt die gefrorene Gischt und zerbricht in winzige Kristalle. Täglich trainiert Amelie zweimal vier Stunden, und wenn es so kalt ist wie heute, wird das Training ins Olympia-Zentrum verlegt – die erfolgreiche Weltklassesurferin bereitet sich auf die nächsten Olympischen Spiele in Athen 2004 vor.

Amelie ist kaum groß genug, um eine Schwimmweste zu tragen, als ihr Vater, ein leidenschaftlicher Segler, die Zweijährige mit auf sein Segelboot nimmt. Nur weni-

»Das Erleben der Natur ist so intensiv. Es gibt nichts Schöneres, als in der Sonne zu sein und übers Wasser zu gleiten.«

ge Kilometer von Oldenburg, dem Wohnort der Familie Lux, entfernt, liegt das Zwischenahner Meer, wo Amelie entweder in ihrem Kinderboot paddelt, in den Himmel guckt und vor sich hin träumt oder zusammen mit dem Vater und dem fünf Jahre älteren Bruder Christian segelt. Noch ist ihr sportlicher Ehrgeiz fremd.

Als Christian 1988 anfängt, an Segelregatten teilzunehmen und außerdem erste Surfversuche startet, ist die Elfjährige mit von der Partie. Sie habe nämlich Talent, behauptet der von ihr bewunderte Bruder, das müsse sie nutzen! Und so surft sich das Mädchen mit den rehbraunen Augen und dem kurzen kastanienbraunen Haar langsam in die Jugendförderung hinein. Fragt man sie allerdings, was sie denn später einmal werden möchte, antwortet sie: »Mutter.«

Doch dann gewinnt Amelie 1995 und 1996 die Jugendweltmeisterschaften in ihrer Surfklasse und wird 1995 zudem zur Deutschen Sportlerin des Jahres bei den Juniorinnen gewählt. Ermutigt durch den Bruder geht sie 1996 zur Sportgruppe der Bundeswehr, die als einzige Institution in Deutschland den Randsport Surfen fördert. Vier Jahre bleibt Amelie dort, dann bewirbt sie sich um einen Studienplatz in Landschaftsplanung in Hannover, denn schon als Kind liebt sie das Meer genauso sehr wie die Pflanzenwelt.

In der Halle des Sportzentrums lagern Amelies Surfbretter – mit dem fröhlichen Tiger aus »Pu der Bär«.

Im Thermoanzug balanciert Amelie ganz selbstverständlich das 15 Kilo schwere Surfbrett auf dem Kopf. Im Olympia-Hafen ist das Wasser gefroren.

Schließlich kommt alles ganz anders: Amelie Lux gewinnt die Silbermedaille bei den Olympischen Spielen 2000 in Sydney! »Nach diesem Erfolg entschied ich mich für eine Profikarriere als Surferin. Der Oldenburger EWE-Konzern für Energie, Umwelt und Telekommunikation unterbreitete mir bis 2005 ein Angebot, das war so lukrativ, dass ich einfach nur Ja sagen konnte.« Und im Gegensatz zu vielen anderen Sportlerinnen muss Amelie ihren Körper nicht halbnackt vermarkten.

Die Surferin gibt zu, dass es nicht einfach ist, mit dem Druck vor Olympia umzugehen; nach ihrem Erfolg in Sydney sind die Medaillenerwartungen groß und nicht immer kommt sie mit der Anspannung klar. »Nach Sydney reagierte mein Körper sensibel: Gürtelrose hieß damals die Diagnose. Aber ich schaffte es, die schmerzhafte Krankheit durch Akupunktur und Qi Gong rechtzeitig zu überwinden.«

Heute versucht sie, Kraft aus positiven Dingen zu schöpfen. Am Meer fällt ihr das leicht, denn sie surft nach wie vor leidenschaftlich gern. Es gibt kein schöneres Gefühl für sie, als draußen in der Sonne zu sein und einfach übers Wasser zu gleiten. Ihre Gelassenheit ist ihr höchstes Gut. »Im Wettkampf kommt es auf die mentale Stärke an.« Das Auftanken gelingt der Spitzensportlerin immer wieder auf ihren Lieblingsstrecken im Mittelmeer rund um Mallorca, aber auch im Pazifischen Ozean, wo sie vor der Küste Neukaledoniens surft. Das Wasser sei dort so klar, dass sie ihren Schatten auf dem Meeresgrund sehen kann. »Ich liebe es, Schildkröten und Delfine zu beobachten«, erzählt sie begeistert, »es ist ein beruhigendes Gefühl, dass hier die Natur noch in Ordnung ist. Es ist eine Traumlandschaft.« Und es ist die wunderbare Welt der Amelie.

Für Amelie bedeutet das Meer Geborgenheit, denn auf dem Wasser hat sie im Kreis der Familie ungezählte schöne Stunden verbracht. Gleichzeitig ist sie sich der gewaltigen Kraft des Meeres bewusst, und das macht ihr manchmal Angst. Wenn die Surferin heute von Gewitter und Hagelschauer überrascht wird, das Segel nicht mehr hochstellen kann und ins Wasser stürzt, dann hilft nur eins. Sie klettert zurück auf ihr Surfbrett und sagt sich: »Du kannst es, atme tief durch und fahre in den Hafen.« Bisher hatte sie mit dieser Methode Erfolg, auch weil sie gelernt hat, immer wieder behutsam ihre Grenzen zu testen.

Wenn Amelie, die inzwischen Aktivensprecherin im Olympiasegelausschuss ist, heute von einer ihrer Trainingsreisen oder von Wettkämpfen nach Kiel zurückkehrt, dann fährt sie zuerst ans Meer und hält die Nase in die salzige Luft. Sie braucht diese unmittelbare Begegnung mit Wind und Wellen genauso sehr wie das Surfbrett unter den Füßen: »Das Erleben der Natur ist so intensiv, dass ich mich danach erst richtig lebendig fühle.«

Amelie steht auf dem Steg, und am nahen Strand kräuselt sich das grüngraue Wasser mit der gefrorenen Schaumkrone.

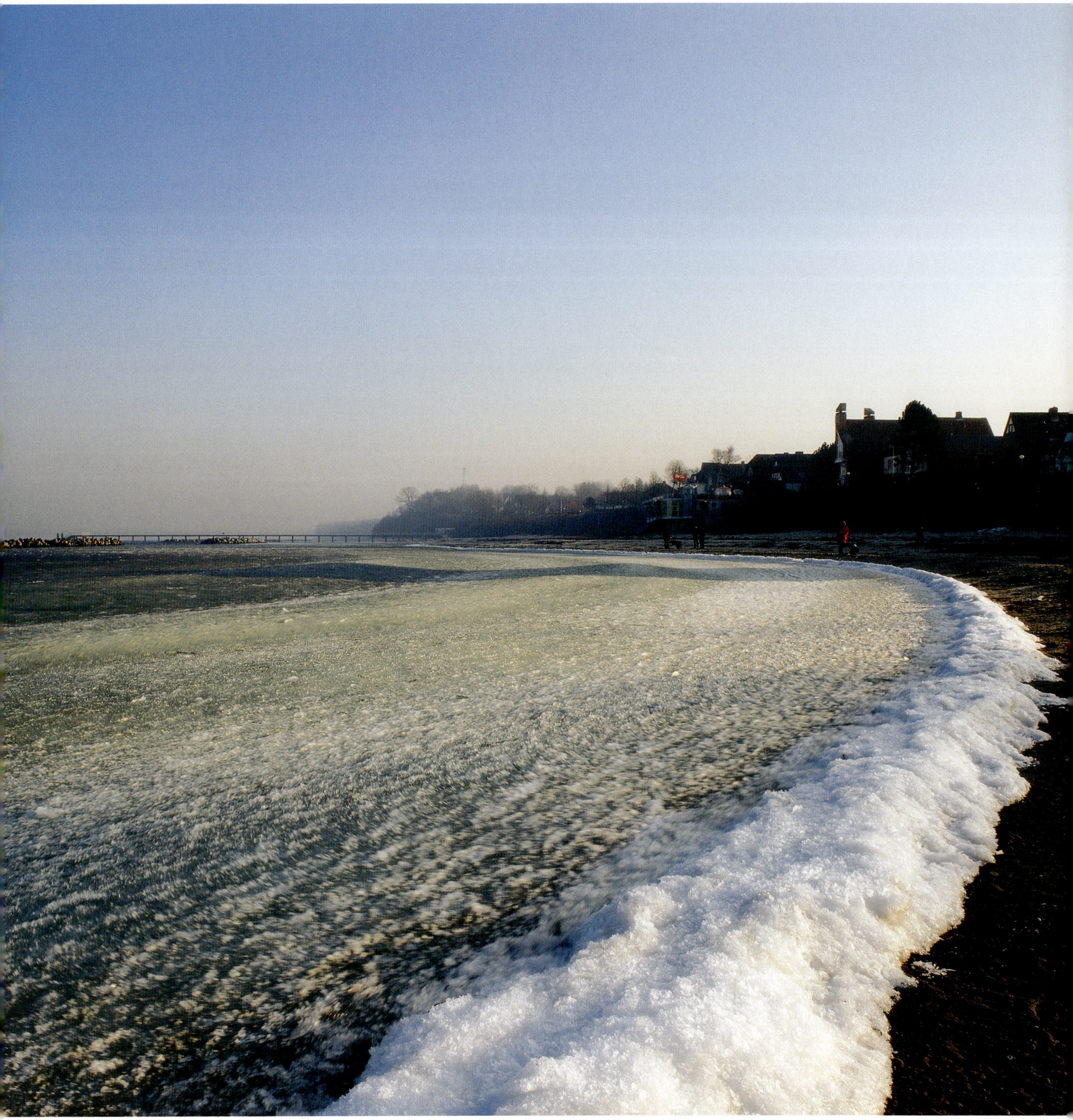

Danksagung

Unser herzlicher Dank gilt zunächst den porträtierten Frauen, die uns ihren Blick aufs Meer eröffneten, uns Einblick in ihr Werk ermöglichten, geduldig unsere Fragen beantworteten und Modell standen. Darüber hinaus danken wir Tania Irina Seeger für ihr Dolmetschen in Italien, Michele und Angela Prencipe für die spontan arrangierte Bootsfahrt zum Leuchtturm am Gargano, Michael Jensch für seine Kamera und Gerd Schumann für seinen kritischen Blick und seine Anregungen. Unser Dank gilt nicht zuletzt unserer Lektorin Heike Brillmann-Ede für ihr Engagement und ihre Unterstützung. *FH / KM*

Florence Hervé, geb. 1944, ist promovierte Germanistin. Die Autorin, Dozentin und Herausgeberin lebt in Düsseldorf und im bretonischen Finistère.

Katharina Mayer, geb. 1958, arbeitet seit dem Abschluss ihres Studiums der Kunst und Fotografie in Düsseldorf als freie Künstlerin, Fotografin und Dozentin.

Bildnachweis

S. 6/7, 128/129, 176/177 »Atlantik-Impressionen«
© Jürgen Bringenberg, Wuppertal
S. 77 Curio, Sabine »Werke« ©VG-Bild, Bonn 2003

Impressum

Bibliografische Informationen der Deutschen Bibliothek
Die deutsche Bibliothek verzeichnet diese Publikation in der Deutschen Nationalbibliografie; detaillierte bibliografische Daten sind im Internet unter *http.//dnb.ddb.de* abrufbar.

4. Auflage 2008
(2. Auflage der Sonderausgabe)
Copyright © 2004 Gerstenberg Verlag, Hildesheim
Alle Rechte vorbehalten
Textbearbeitung: Hella Kemper
Gestaltung und Satz: Magdalene Krumbeck, Wuppertal
Lithografie: ppp, Köln
Druck und Bindung: Tien Wah Press, Singapore
Printed in Singapore

www.gerstenberg-verlag.de

ISBN 978-3-8369-2952-3